敦煌 社会 人文 丛书

赵声良 主编

敦煌

建筑写意

DUNHUANG JIANZHU XIEYI

让我们带您走进敦煌，解读壁画中车马出行、衣着打扮、家居家具、婚丧嫁娶等日常生活生活画面，了解古代敦煌社会生活的文化内涵……

孙毅华　　孙儒僩——

编著

敦煌文艺出版社

图书在版编目（ＣＩＰ）数据

敦煌 : 建筑写意 / 赵声良主编 ; 孙毅华, 孙儒僩
编著 . -- 兰州 : 敦煌文艺出版社 , 2023.6
ISBN 978-7-5468-2321-8

Ⅰ . ①敦… Ⅱ .①赵… ②孙… ③孙… Ⅲ .①敦煌石
窟—通俗读物 Ⅳ .① K879.21-49

中国国家版本馆 CIP 数据核字（2023）第 025242 号

敦煌　建筑写意

赵声良　主编 孙毅华 孙儒僩　编著

责任编辑：左文绚
装帧设计：马吉庆
制　　版：王　晓

敦煌文艺出版社出版、发行

地址：(730030) 兰州市城关区曹家巷 1 号新闻出版大厦 23 楼

邮箱：dunhuangwenyi1958@126.com

0931-2131552（编辑部）　　　0931-2131387（发行部）

兰州银声印务有限公司印刷

开本 880 毫米 ×1230 毫米　1/32　印张 7　插页 2　字数 130 千
2024 年 4 月第 1 版　　2024 年 4 月第 1 次印刷
印数：1~5000 册

ISBN 978-7-5468-2321-8

定价：58.00 元

目 录

代代相继

壁画中的建筑史诗

一

　　建筑是人类文明的结晶，因为它与人们的生产和生活息息相关，所以在绘画中反映建筑之美，是人们的爱好并有着悠久的传统。早在东周的漆器和战国的铜器上就有关于建筑的图象，汉代画像石上更是有大量的建筑形象，与敦煌邻近的酒泉、嘉峪关魏晋墓壁画中有坞堡和庄院，这些反映社会现实生活中的建筑画是形象的建筑历史。

　　在漫长的历史长河中，我们的祖先曾修建了无数有名的城市和宫殿，创造了大量各具风格的木结构建筑。由于木结构建筑容易损坏，加之改朝换代的战乱兵祸，一座城市往往转瞬之间就会变为废墟。所以，在中国广袤的土地上留存下来的古建筑实物很少，甚至没有一座唐代以前的完整的组合建筑群落留存下来。佛教发展史上的"三武之祸"①，又造成佛教文化的巨大损失，很多佛寺受到毁坏。历史的悲剧，造成了中国古建筑实物资

①历史上的三次灭佛之劫，分别发生于北魏太武帝（拓跋焘）、北周武帝（宇文邕）、唐朝唐武宗（李炎）在位期间。由于三位皇帝的谥号或庙号尊称都有"武"字，所以被称为"三武之祸"。

料的贫乏。敦煌壁画中提供了中古时期一千多年历史中的各种建筑形象，虽然不是古建筑实物，却是建筑历史的形象资料。

敦煌壁画中通过宗教艺术保存下来的众多建筑形象，不但给人以赏心悦目的艺术享受，并以它丰富的内涵，相对准确的艺术形象，充实了我们对于古代建筑的模糊认识。建筑学家梁思成先生在《敦煌壁画中所见的中国古代建筑》一文中曾说："中国建筑属于中唐以前的实物现存的大部分是砖石佛塔，我们对于木构的殿堂房舍知识十分贫乏，最古的只到八五七年建造的（佛光寺）正殿一个孤例①。而敦煌壁画却有从北魏至元数以千计或大或小，各型各类各式各样的建造图，无异为中国建筑史填补了空白的一章。"

敦煌石窟艺术是建筑、彩塑、壁画三者相结合的统一体，其中之一的建筑，不仅指石窟本身，还包含了壁画中大量的建筑画。在这敦煌石窟中保存的从十六国到元代一千年中绘制的约四万多平方米的壁画中，建筑画的题材和形象非常丰富。在莫高窟全部 492 个有壁画的石窟中，绘制有建筑画的石窟共有 216 座，其中有建筑画研究价值的石窟只有 146 座，而有建筑画精品的石窟就更加少了。这类石窟中保

---

①梁先生写本文时五台山南禅寺（建于 782 年）还未被发现。

存的内容不仅是建筑画精品，也是敦煌石窟中的精品窟，而且很多石窟是作为开放石窟，供广大游客参观的。

敦煌壁画中为什么会绘出形形色色的古代建筑呢？洞窟内满壁的绘画，或是描绘各种佛教善行，或是佛讲说的经典哲理，诱谕和教诲人们"苦海无边，回头是岸"。由于佛经哲理深奥，文字晦涩难懂，用形象的绘画艺术来演义其内容，比较容易使广大民众所接受。壁画中的各种佛教事迹与经典，通过不同的佛教徒们解读，再加上画家们的认识理解与想象，就铺陈演绎成场面壮阔构图严谨的故事画与经变画①，它们是构成各时代石窟壁画的主题。为了附会主题，在故事发展和经变内容中，穿插着各种建筑图象，作为事件发生的背景。

在敦煌石窟开凿的一千多年中，壁画中的建筑画把各个历史时期的城阙、宫殿、佛寺、民居等不同形象，像戏剧舞台上的大布景和道具一样穿插于画面之中。这些建筑画形象来源于当时现实生活中的实例，又经过画师高度的艺术概括和简化，如要表现一座宫城，壁画中主要见到的是宫城最具特征的城垣、女墙、城楼、宫门，以及城内的数座殿堂等等。而现实生活中的宫城，绝不是如此简单的。随着时代

①将佛经内容、故事、哲理转换成图像，简称"变"或"变相"或"经变"等。

的发展和绘画技巧的进步，壁画中的建筑形象无论从整体到局部，都表现得更为真实完整，如组成建筑群的各种单体建筑有城门、城楼、角楼、殿堂、佛塔、楼阁、台榭、回廊等，还有厩舍、茅庵、草棚、屠房、邸店、监牢、桥梁、坟墓、烽燧等，它们用途各异，形式多样，几乎包括了各时代大部分的建筑类型。至于建筑的局部和细部，如台基、须弥座、阶陛、散水、栏杆、柱枋、门窗、各种斗栱、屋檐、各式屋顶、瓦饰、脊饰、塔刹、相轮等，都有具体细致的描画，成为造型优美、比例合度的建筑形象。因此可以说，壁画中的建筑形象在一定程度上是现实的反映，敦煌壁画里的建筑画是一首延续千年的建筑史诗。

钩心斗角

巧夺天工的构件与装饰

二

中国古代建筑，特别是那些精巧的木构建筑，完全可以称得上是建筑中的艺术品。这些用大量的巧夺天工的构件与装饰来完成的建筑，我们在欣赏的同时，不能不感叹古人构思的奇巧。用木材作框架，以"秦砖汉瓦"作围护的建造历史，造就了中国独特的建筑体系。用木构架搭建的房屋，上有青瓦覆盖，下有砖石作台基，使外观上形成屋顶、屋身、台基三部分。可惜的是，中国古代大量的木构建筑技术现在已被湮没在历史尘埃中，被历史淹没的不仅是建筑本身，还有那些出色的构件与装饰。敦煌壁画中的建筑画，不但传达出不同建筑类型的基本形象，还将最具时代特征的建筑局部以及结构细部描绘出来。壁画形象随着时代的变迁而变化，早期的建筑画虽然还显得比较粗略，但因为时代越早的建筑越难于保存，因而敦煌壁画中提供的图象在没有实物对比的情况下，其价值却是任何文献资料都无法达到的。所以，在进入欣赏之前，我们先来看看古建筑的一些局部特征。

一、屋顶

1. 屋顶形式——等级制度的象征

屋顶形式曾是封建社会划分等级的一个重要标志，但在北凉至北周壁画中，这一因素还不明显。四阿顶即四面坡的屋顶，又称庑殿顶，是等级最高的屋顶形式，但早期壁画中却被用于次要建筑上，如宫城的城门上，而国王所在的大殿上却用歇山顶的屋顶形式（图1）。发展到唐代，敦煌壁画中的屋顶形式已出现等级划分，四阿顶成为至尊的

图1 莫高窟第285窟　南壁　西魏

图2

象征。莫高窟第 172 窟主室内描绘有盛唐时期的未生怨故事，故事讲述古印度阿阇世太子发动宫廷政变，先是囚禁父王、断水断粮，后又囚禁母亲韦提希夫人；韦提希夫人向佛祖求救，佛祖告诉她这都是因为她和老国王之前求子心切，杀死太子前世性命所受的恶报，并教韦提希夫人往生西方极乐世界的方法。莫高窟第 172 窟壁画中阿阇世太子命人押父王进宫门，宫门两侧有回廊，组成为"凹"字形平面的院落，门屋有三阶，上为四阿顶，符合帝王之居所用的高规格建筑等级（图2）。

悬山顶是一种结构简单的两坡屋顶，在北魏壁画中所见最多，宫殿、城门、佛寺都用这一形式。北魏的一幅沙弥守戒的因缘故事画，讲述

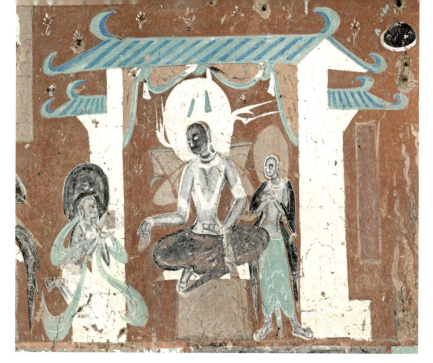

图 3　莫高窟第 257 窟　悬山顶　北魏

小沙弥为了守戒、抵制富家女子的诱惑，宁可自杀都不肯破戒的故事。莫高窟第 257 窟壁画中是女子父亲发现小沙弥自杀后向国王禀告的情节，国王坐在殿堂之中，身旁有一侍从。这里的殿堂就是一座悬山顶的双阙建筑，屋顶仅有简单的两坡，檐下还挂着帐帷（图 3）。

歇山顶是四阿与悬山屋顶结合而成的一种新形式，它的上半部分是悬山，下半部分是四阿，因此从整个屋顶变化的发展看，它的出现较晚。敦煌壁画中歇山顶出现于西魏时期，用于王宫内的殿堂上。画面为古印度善事太子故事，用建筑物来划分各个情节，第 296 窟壁画

图4 萨埵那舍身饲虎图 莫高窟 北周

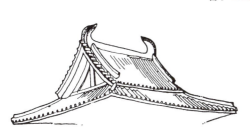

图5a （请添加下方黑色文字） 鸱尾与悬鱼 人字拱 北凉 莫高窟

图5b （请添加下方黑色文字） （请添加下方黑色文字）

中是表现太子居住在宫殿时的情景。堂屋建在高台基上，前有台阶，屋身两侧有厚墙，屋顶为两段式歇山顶。四周有围墙，前有门屋，似乎还有偏院及门楼（图4）。北周敦煌壁画中出现了两段式歇山屋顶，它在屋面上只增加两条平行的线条，来表现不同于一般的歇山屋顶

图6 敦煌莫高窟 231 窟
八角攒尖顶经楼、钟楼

（图 5a、5b）。此屋顶多用于殿堂、楼阁上。

攒尖顶有四角、六角、八角或圆形各种形式，大多应用于亭塔之上，也有用在楼阁上的。敦煌壁画中攒尖顶多用于表现净土世界佛寺里的经楼与钟楼，一般对称布置于寺院的前面两侧或后面两侧。经楼是用来存放佛经的专门建筑，在八角攒尖顶的经楼上再安置塔刹，塔刹本是佛塔的重要标志，却被装饰在钟楼与经楼上，使得钟楼与经楼上高耸的塔刹成为佛教寺院的标志（图 6）。这样的形式始自盛唐时期，有文献记载：唐代大太监高力士在其"舍宅为寺"的院落里，就在钟楼和经楼上安置塔刹。

图 7

　　重檐是一种高等级华丽的屋顶式样，敦煌壁画只有榆林窟第 3 窟建筑画中的殿堂、楼阁、水榭及文殊菩萨和普贤菩萨修行道场中的仙山琼阁里，有众多重檐形象。画中在山涧流水旁起平坐，上建两座相错的水榭，为重檐建筑（图 7）。前面一座是三间重檐歇山顶，下部前有廊檐，后有门窗。后一座建筑为三间重檐攒尖顶。水边有华丽的栏杆，构成了一幅优美的景观性建筑。

2. 屋顶构件——实用价值的诠释

　　"秦砖汉瓦"是古老的也是最基本的建筑材料。屋顶是古建筑的三大组成部分之一，古人在它的结构、造型及表面装饰上，下了很大功夫。

　　脊是屋顶各个坡面相交处做结构处理后而形成的一种形式，用砖瓦堆砌而成（图8）。屋顶正中的脊称正脊，其余斜向的脊有斜脊、垂脊等不同名称。画面屋顶为蓝色，古人对于烧制的青砖灰瓦有称为"蓝砖"者，故而烧制的灰瓦用蓝色表示，灰瓦之间突出的绿色构划部分就是脊，正中横者为正脊，其余斜向下者为斜脊。绿色的脊也可能为琉璃烧制。

图8 莫高窟第419窟　脊　隋代

图9

鸱尾是屋顶上正脊两端的一种收束，同时是屋脊的重点装饰，并含有一种寓意。鸱尾是以一种大海里的鱼尾为原形，据说"激浪即降雨，遂作其象于屋，以压火祥"，取其以水克火之意。早期敦煌壁画中（北凉至隋代）鸱尾的形式很简单，绘成弯勾状或忍冬形。画中是五百强盗成佛故事，讲五百强盗作乱，国王派兵征讨，五百强盗被俘受剜眼酷刑，之后被流放到山中号哭求救。佛祖医好强盗眼睛，五百强盗皈依佛教。画面正是国王在宫廷中审判强盗，国王所在的宫殿顶部的鸱尾就是简单的绘成勾状，后面建筑的鸱尾则是绘成忍冬状，即金银花的形状（图9）。

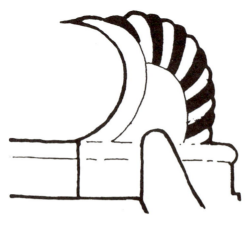

图10 莫高窟第431窟 屋顶鸱尾 线描图 初唐　　图11 莫高窟第323窟 甘泉宫 初唐

初唐屋顶正脊两端的鸱尾的画法已很规范，有弯钩状的背鳍与连珠纹，不像隋代只用两笔即勾划出轮廓来（图10）。斜脊的下端可见清晰的方形脊头瓦，之上再覆一层筒瓦。初唐还有在正脊上不设鸱尾，只以层层板瓦垒出正脊（图11）。画面出自张骞出西域图，佛教徒称汉武帝时大将霍去病攻打匈奴，俘获两身祭天金人，汉武帝将金人供奉在甘泉宫，汉武帝不知金人之名，遂派张骞去西域询问金人名号。张骞副使到达大夏，问到金人就是佛。莫高窟第323窟壁画中是甘泉宫，三开间小型殿堂的四阿屋顶正脊上没有鸱尾。依据历史记载，甘泉宫是汉代很重要的一座宫殿，不应该没有鸱尾，而且这种屋脊的处理，上见于隋代，下见于唐代的壁画中。如莫高窟第148窟有一座佛寺里正在进行燃灯供斋的佛事活动，寺院里的三座建筑上全部都没有鸱尾，同一窟中的其他壁画中则有鸱尾，可见这不是画师的疏忽，而是当时的一种屋顶形式。

图12

图13

图 14 莫高窟第 445 窟　屋顶（北壁中部建筑屋顶一角）　盛唐

　　盛唐屋顶的瓦件形象更加清晰，正脊两端有带双鳍的鸱尾，斜脊、垂脊和戗脊的端头有脊头瓦和筒瓦。画中鸱尾的双鳍上有若干平行线道，鳍的内侧形成尖嘴弯勾状，鸱尾的正身上有联珠纹（图12）。盛唐屋檐边可以看见筒瓦的圆瓦当，板瓦的端头没有"滴水"。瓦面和脊分别作青灰与石绿色，以示区分。不仅瓦件清晰，甚至瓦件上的小构件"拒鹊"，都有清楚的描绘。拒鹊是在鸱尾上安状的放射状的金属刺，用来防止鸟类栖息，所以叫作拒鹊，这一形象只有盛唐壁画中才能看到（图13）。这时期还出现一种已经消失了的瓦作形式——瓦头子（图14），在中原一些出土物上如法门寺地宫出土的铜塔檐口四角，山西唐薛敬墓出土的石棺檐口四角，还可以看到原形，在唐时期的渤海国出土了个别构件，出土位置均在建筑的四角部位，由于对此构件已完全不认识，所以对其名称也只依据其形式称为"翘头瓦当"，而这种瓦作形式在汉代就已出现，发展到南北朝时期直至唐代，唐后期至辽代，形式有所变化，偏居西北的西夏保存了辽代形式，并被绘制在敦煌周边的石窟里，才使我们重新认识了它。中唐时又出现一种新的脊头瓦形式，这种形式在中国古文献和有关古建筑典籍中都不见记载，却与现在日本古建筑上仍然可见的一种脊头瓦形式相似，并被记载在日本的古建筑词汇中，这就是被称为"鸟衾"的脊头。这种形式在敦煌壁画中从中唐延续到晚唐（图15）就消失不被国人认识了，却在日本建筑中出现并延续至今。隋唐时期，中日两国政府与民间交往频繁，著名的有中国高僧鉴真东渡传法，日本阿倍仲麻吕入唐，及日本高僧圆仁在中

图15 莫高窟第468窟 窟顶一角 中唐

唐时期，经过多次渡海来到中国游历了十年，这时正是被日本称为"鸟衾"的脊头瓦在中国古建筑上出现的时候。以后中国的脊头瓦形式又发生很多改变，最终成为现在人们熟知的"仙人走兽"的脊头形式。

中晚唐时期对屋顶的处理，继承了盛唐传统，并在瓦和脊的装饰上有所发展，第158、361、156窟的屋面上用了几种色彩鲜艳的瓦，可能是琉璃瓦。图16中整座大殿屋顶的瓦分别用白、黄、土红、绿、黑等几色相间排列，远看如虎纹斑斓，但现在已经无法看到这样的琉璃瓦装饰屋面，却在拉萨小昭寺的藏语名称中找到一点蛛丝马迹，小昭寺的藏语名称为"甲达绕木齐"，对于"甲达"有两种解释，一是房屋屋顶如虎纹状，二是小昭寺是汉人修建的。翻译为汉语的意思是"汉

图16　莫高窟第 158 窟　琉璃瓦　中唐

图17 鸱尾壁画可见 榆林 五代

人修建的斑斓如虎状的房屋"。对比中唐时期的壁画里出现的斑斓条纹彩色屋面，可见这是中原早已出现的一种琉璃瓦屋面形式，被文成公主带去拉萨修建了小昭寺，在藏语里得到体现。

　　鸱吻是张口含脊的兽形装饰，晚唐已有清晰的鸱吻形象，图17中酒肆建筑的正脊两端的鸱吻较为清晰。该壁画整幅画面讲维摩诘居士进入酒肆度化众人，酒肆正脊两端有兽头相对，张嘴含脊，尾部上翘，有双鳍。这种大型瓦件，起源很早，壁画中在初盛唐之前没有兽头，仅有用连珠纹装饰的双鳍，称鸱尾。

二、斗栱

1. 斗栱——最受重视的建筑部件

斗栱实际上是斗和栱的总称，用于屋檐及楼层之间，将中国建筑

图18 | 莫高窟第275窟
斗栱　北凉

的大屋顶重量通过斗栱传递到柱子上，用柱子来承受大屋顶的重量，它是中国古建筑最重要的特征之一。中国传统建筑中，斗栱一直是最受重视、最为复杂的部分。在实际建造中，对斗栱的运用技术如何，直接关系到整座建筑的造型和建筑的稳定性。在屋身的柱子上安方形的斗，斗上向前后左右各伸出一向上弯的栱形木构件，也就是栱，栱上再置斗，斗上再置栱，层层挑出，最后的斗上承托檐檩。斗和栱的重复可以使屋檐挑出得更远，更好地保护屋檐下的墙体与台基。

北朝时期的斗栱仅限于向左右伸出，没有向前后挑出。从北凉到北周，建筑画中的斗栱形态比较自由，还没有形成规范的模式。如莫高窟最早的一幅壁画中的佛传故事"太子出游四门"中，共画出了两座城阙，城阙的屋檐下有类似于三叉戟形状的就是斗栱，另外在南北两壁还有四座以塑绘结合形式表现的阙形殿堂，在屋檐下有多种形式的斗栱形状，可见这时的斗栱可以随建筑形式变化的（图18）。

隋代的建筑形式及局部处理既承袭了北朝的做法，又有很多变化隐含其中，不仅反映了当时许多不同的建筑类型和艺术风格，同时也体现了当时建筑所达到的技术水平。隋代壁画所表现的斗栱形式及结构方式，是我国木结构发展过程中的关键时期。隋代的斗栱样式，呈现出多种多样的变化形式（图19），有一斗三升式的；有一斗三升与人字栱相结合的；有的在柱头上直接安放斗栱，斗栱之上承放额枋。

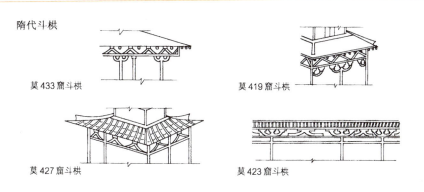

隋代斗栱

莫433窟斗栱

莫419窟斗栱

莫427窟斗栱

莫423窟斗栱

图19

图 20 莫高窟第 172 窟　大殿斗栱　盛唐

额枋是柱头之间的横向联络结构，在柱头上直接安放斗栱，这样的结构使柱子之间没有额枋的横向连接加强左右的联系，致使房屋的稳定性不好。后来发展成柱子之间用额枋加强联系，这是结构上的重大改革。额枋不放在斗栱上，而是在柱头之间，大大加强了柱网的稳定性，隋代大概正是这种变革的过渡时期。

斗栱经过隋代的变革，到唐代时斗栱的发展达到一个巅峰。唐代社会绘画技术的发展，使建筑画更趋于写实的风格，能清楚地表现建筑构件的细部刻画，对斗栱的摹写也更加真实。初唐的斗栱普遍使用单栱，还没有左右伸出的横栱，形式简洁明朗，但功能结构仍处于发展中。斗栱的鼎盛期在盛唐。唐代诗人杜牧在《阿房宫赋》中所说的"檐牙高啄……钧心斗角"，正是对当时斗栱的形象描写，这些描述可以从盛唐石窟中对西方极乐世界的表现里得到映证，斗栱的发展使建筑整体形象更加巍峨壮丽。诗歌与绘画对建筑的描述成为有益的互补。图20中大殿的斗栱明显已经非常繁复，对它的绘画表现也非常精确，准确地表现了木构件之间的承接关系和立体感。

中唐是吐蕃占领敦煌时期，这时出现了一种异样的斗栱，用绿色绘出卷曲的树叶状作为栱，以承托小斗，而且卷曲的树叶状栱呈现出多种样式，其中一种样式最多用，而这一样式与现存五台山佛光寺旁边金代文殊殿上的翼形栱非常相似（图21、22）。经过对藏族古文献的查找，得到吐蕃时期修建的桑耶寺建筑上曾经有过在木柱顶上是叶状斗栱的记载，再者松赞干布时期有藏秘籍于各种柱下的习俗，这些柱子有蛇形柱、狮形柱、树形柱等等，树形柱应当有树叶，即是柱顶上的叶状斗栱。壁画中卷曲的树叶状栱正与此相符，由此想象，吐蕃时期的叶状斗栱是否可以简称为"叶形栱"，而叶形栱与翼形栱的读音相近，且在壁画中出现的时间早于中原[1]。所以这里可以理解为翼形

---

[1]翼形栱名称考——敦煌吐蕃建筑画研究，发表在2018年《中国建筑史论汇刊》第16辑。

图21 莫高窟第 361 窟 二层佛堂下的斗栱 中唐

栱就是吐蕃时期叶形栱读音的转化。可是这里的翼行栱与中原地区的翼形栱的作用不同，中原地区的翼行栱都是起装饰作用，吐蕃时期柱头两边卷草状的树叶就好似两个翅膀，因其形象加读音就成了中原地区的翼形栱了。敦煌壁画中的翼行栱既起到装饰作用，又有承重的作用，这样的形式与作用一直在敦煌壁画里延续到西夏时期。

中唐时期的翼形栱都与类似仰莲形的曲线屋檐相配合，屋檐下不见椽子。图 23 中三开间小佛殿的外观及结构均与中原式建筑相同，唯柱子、额枋表面满镶珠宝，柱子上是圆形大斗和卷草形翼形栱，中间由变异成为两个弧形卷草式的人字栱承托檐槫，这也是早期人字栱转变为驼峰的过渡。屋檐下不是椽子，而是仰莲，屋檐在筒瓦的位置上是宝珠。殿两侧有幢幡，这是吐蕃的习俗。

晚唐时，敦煌望族
张氏乘吐蕃内乱夺取政
权交归中原唐王朝，唐
王朝封张氏为敦煌归义
军节度使，此时为张氏
归义军时期。建筑画中
斗栱在沿袭盛唐、中唐
形式的基础上又有所发
展，这时对斗栱的形制
已非常成熟，在应用的
过程中可以随心变化。
如莫高窟第12窟南北
两壁都是大幅的佛寺建
筑，为了使两幅画面有
所区别，除了表现佛寺
由各自不同的单体建筑
组成外，在佛寺大殿的

图22 五台山 南禅寺殿堂转角斗栱外跳斗栱

图23 莫高窟第361窟 南壁殿 中唐

图24 莫高窟第12窟 大殿斗栱 晚唐

图25 榆林窟第32窟 城门大殿全景 五代

斗栱运用中也使用了不同的形式，说明对斗栱的运用到这时，已进入完全成熟的时期（图24）。五代、宋初时期，敦煌属于曹氏归义军控制时期，为了政权的巩固，曹氏家族采取了两项非常有效的政策，一是积极与中央王朝恢复统属关系，得到中央王朝封号。二是用联姻方式改善与周边少数民族的关系，加强友好往来。这时期壁画中的斗栱沿袭了中、晚唐形式，特别是中唐时的吐蕃因素。五代时斜栱的出现，表明对斗栱的运用已相当熟练，壁画中的斜栱大多都用在明间正中的

图 26

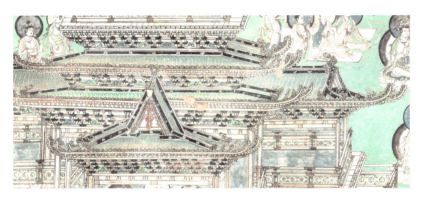

图 27

补间位置，很多都被佛前升腾的云烟遮蔽。这时对斗栱的运用还保留了许多中唐吐蕃的因素，如图 25 中佛寺，在寺院轴线的主要位置上，有一座二层楼式的佛塔，下层塔基及二层平坐大体作圆形，上下层塔身有檐柱八根，腰檐按八边起脊，檐柱及阑额呈弧形弯曲，形式特殊，整体造型比例适当，不失为一座秀丽的楼阁塔。宋代木构多宝塔的细部界画精细，宋初郭若虚在《图画见闻志》中要求画家对建筑结构"必须融会，阙一不可"，可知当时对界画①的重视（图26）。

　　西夏石窟里绘建筑画的只有榆林窟第3窟，其与唐、五代、宋的绘画风格迥然不同，建筑形象也不同于以上各时代。图27画面整体看去，显得密密匝匝，细小密集成一片，看似画得很细致，却分不清斗与栱或昂的界线，须仔细分辨，也能看出大概，整体风格远不如唐宋时期的疏朗雄壮。这正是以后明清时期斗栱逐渐成为装饰的开端。

　　敦煌壁画中的建筑画上接秦汉，下连明清，正是斗栱发展演变发生巨大变化的时期。它们反映了斗栱由简单的支撑，发展到唐代疏朗雄浑，深远出挑，既起到对大屋檐的承重与托架作用，而对斗栱的彩绘又丰富了屋檐下的装饰。唐代以后对斗栱的排布从疏到密，由大变小，装饰性逐渐增强，最后演变成为微小细密的装饰性部件。敦煌壁画中提供的斗栱信息，是我国古建筑发展过程中的演变轨迹，也是古建筑研究中是无可代替的形象资料。

2. 人字栱——斗栱的另一种形式

　　斗栱的起源很早，与上述斗栱形态同时伴随的还有一种人字栱，

---

①界画，又称"界划"，是中国画的一个特色门类，在作画时使用界尺引线，故名界画。

人字拱又称叉手，一般认为早期称叉手，唐代以后称人字栱。斗栱经过长期的不断改进、演变，逐渐趋于完善，其中形态改变最大的莫过于人字栱，最终演变成为了驼峰。

叉手又称人字栱，它与斗栱的形成一样久远，大的叉手用于屋脊下，将屋脊高高托起，形成屋面的坡度。用于屋檐下的小叉手，主要安置在两柱间的额枋之上，与斗栱一样起承托屋檐的作用。早期敦煌建筑画中的斗栱与叉手都还处于不断的发展变化之中，每个时代各有特色。从北凉至北魏斗栱和叉手相间组合形式最为多见。西魏和北周壁画中则多见人字栱，从壁画中看到在十六国到北周时期，斗栱与人字栱的运用非常灵活，形态也比较自由，还没有形成规范形式。

隋代壁画中所表现的斗栱形式及结构方式，是我国木结构发展过程中的关键时期，处于承上启下的转变时期，变化形式一是延续西魏、北周时期的人字栱形式，在殿堂檐下的柱头额枋上用连续的人字栱，这时的人字栱已略有曲线，成为唐代人字栱的过渡。二是在殿堂檐下，于柱头上直接支承斗栱，然后才是额枋，额枋之上又是连续的人字栱，构成类似现代的木构桁架。三是在柱头之间用额枋加强柱子之间的联系，形成一种稳定构架，在额枋之上是斗栱，柱头之间使用人字栱。

图28 莫高窟第420窟　屋檐下连续的人字栱　隋代

第420窟壁画中绘出三座不同形式房屋，有一层殿堂和带有两重披檐形式的重檐房屋。这些房屋檐下，都在栏额上有连续的人字栱承托屋顶。由于画幅绘制简单，人字栱形式就好似现代的木构桁架（图28）。

初唐时期仍有很多敦煌建筑画继承隋代斗栱与人字栱相间排列在柱头和补间的形式，同时又出现一种新的补间形式，即简单的人字栱演变成为美丽的双旋卷草形式的栱，显示出由人字栱演化而来的痕迹，成为柱头之间的装饰。图29中是一座小型的殿屋，殿身的体量很小，上面有着出檐宽大的庑殿屋顶，檐下有两重斗栱，第二层斗栱形式为斗栱与双旋卷草栱相间排列，这时的双旋卷草栱的形式还保留着人字栱的基本形态，如果将双重卷草上的小卷草去除，就是一个变形优美的人字栱。

图29

图30

初唐出现的双旋卷草栱的形式，在唐代以后的发展中仍然被继续沿用，不同的是双旋卷草栱在承托斗的部位演变得越来越大，初、盛唐时还是呈倒 V 字形，发展到晚唐时期已完成向驼峰形的转变，卷草中间已呈倒 U 字的空心卷云状，不再是细瘦的人字上部，倒 U 字上面平缓的弧形承托着斗，成为驼峰形式，而且时代越晚，卷草中间的弧形越大，壁画中可以清楚的看到它的发展轨迹（图 30）。

三、屋身

1. 墙——白壁丹楹的美感

北魏至北周敦煌壁画中表现的殿堂都是正面一大开间，屋檐下的屋身两侧有厚墙并有壁带。根据壁画内容，当时的建筑反映的多是王宫或富豪之家。自商周、秦汉各朝代的王宫建筑规模都很庞大，一座建筑都由很多间组成。间是古建筑中的一个量词，表示四柱之间的这块空间，一座建筑常用开间或面阔几间，进深或纵深几间来形容其大小。正面开间多用单数，中间开门，两边对称布置窗或门。壁画中帝王的宫室却只表现为一大间，并经历几个朝代的发展，延续一百多年，说

明这时的建筑画水平还显得较粗略，为了表达人物形象不受影响，省
略了中间的柱子。

　　隋代敦煌壁画中的一些殿墙，承袭前代用厚山墙加壁带的做法。
壁带是在墙壁中加入了像带一样的横木，"壁之横木如带者也。于壁
带之中，往往以金为钉，若车钉之形也"，用来加固墙体，就如当代

图31　莫高窟第249窟　有隅二散的屋宇　西魏

建筑中的圈梁。北魏至北周的殿堂、房屋的墙都是白墙红柱，隋代也有此形式。当时文献记载的 "白壁丹楹" 是真实的，白墙红柱形成色彩鲜明的对比，增强了建筑的美感。

　　房屋两侧修建厚墙的形式是从秦汉直到唐代延用了很长时间的一种建筑手法，唐代大明宫麟德殿是一座开间十一间的大殿，两边厚墙各占去一间，共有 5.3 米之多，可见厚墙在当时建筑中的作用仍是以墙体作为承重墙。壁画中反映的建筑正是它最具特征的形象。莫高窟第 249 窟西披壁画中下面两边各有一座相向而对的小殿堂（图 31），表明它们的位置属于寺院建筑群中的配殿，配殿建筑两侧有厚墙，可能由夯土筑成，墙中部有壁带，殿堂檐口正中向上翻起障日板。当时建筑技术中的斗栱结构可能还不完善，房屋出檐较短，檐下日照强烈，特别是东西方向的配殿，有障日板可以遮避日晒。

2. 台基——华厦的基石

　　早期北魏到北周敦煌建筑画中的房屋下部多为素平台基，就像一个矩形的盒子，表面砌砖，以保护台基表面与棱角的完整。台基前有台阶，供上下出入。佛塔的台基受佛教的影响，出现由几个大小不等

图32 | 莫高窟第329窟
　　　 | 佛陀说法图变——隋代

的矩形叠加而成的简单的叠涩须弥座形式。台基边沿及台阶两侧均有栏杆。栏杆形式还比较简单，主要有三种，一是直棱栏杆，即在栏杆下部做竖直的方形立柱，柱子棱边向外而得名；二是卧棱栏杆，顾名思义既是将竖直的立柱放平卧倒；三是勾片栏杆，即在栏杆下部用竖直的短构件与直角折钩构件组成，形成长方和直角折钩的空间形式，再将其中两种形式相间组合又成为一种新形式。图32中殿堂下有台基，正面中部可看到台阶，房屋两边有厚墙壁带。檐下柱子上有斗栱和人字栱，阑额下挂通间宽的帘箔。歇山式屋顶，侧面山花下装饰悬鱼。檐下画出两重椽子，檐边一周画联珠形表示瓦当。

　　隋代殿、堂、楼的台基仍以砖砌素平台基为主，由于出现佛寺形

图33 莫高窟第302窟 院落一组 隋代

象，在占据主要位置的佛殿台基上表现出东西两阶，两旁作为配殿的堂只有一阶。早期台基旁已有形式多样的栏杆，隋代的台基栏杆表现得很粗略，只能认为是画家省略笔墨的缘故。把栏杆和台基联系起来，形成虚实对比的组合，丰富了建筑的立面形象。莫高窟第302窟画一组殿堂，殿堂房屋下有台基，正面中部有台阶正对中间的门，直棂窗开在山墙上。屋檐下的柱子上是连续的人字栱。石青色的歇山屋顶，

正脊两端有鸱尾，简洁概括地表
示当时常见的房屋建筑形象（图
33）。

3. 柱——承上启下的栋梁

敦煌壁画建筑中最常见的柱
子是朱红色的圆形直柱，下有覆
盆或覆莲式的柱础。敦煌地处交
通要冲，受到多种外来文化与民
族文化的影响，这一点也体现在
对柱的表现上。佛教艺术经由中
亚传入我国，经新疆、过敦煌、穿
河西、达中原。敦煌首当其冲，较
早的接受了佛教文化的影响，魏晋
十六国时期的敦煌，已经有了独具
特色的本土文化,早期的石窟艺术，
表现了在汉文化基础上的兼收并
蓄,并努力使其与本土文化相融合。

图34

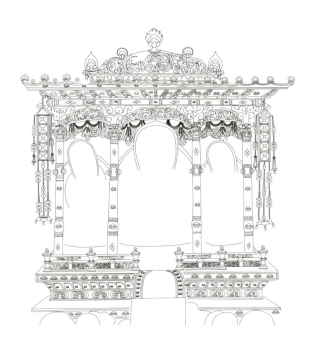

图 35

希腊式柱头就是经西域传入敦煌的，图 34 中柱身下部为梭柱形式，上部柱头作爱奥尼卷旋形，是莫高窟壁画受犍陀罗文化影响的明证之一。

中唐时由于吐蕃所处的地缘关系，受到来自印度、尼泊尔等地晚期佛教的影响，形成自己独特的风格——吐蕃风格，敦煌壁画中保存的一些具有吐蕃风格的建筑局部，其装饰如今在西藏地区仍可以看到。这时柱子采用镶嵌艺术装饰，有多处表现吐蕃艺术特征的壁画建筑形象。莫高窟第 231 窟壁画中是一座塔形的佛殿，具有鲜明的异域风格（图 35）：建筑下部有华丽的须弥座，四柱之间用三叶栱形式连接，兽

图 36a　榆林窟第 231 窟　观音风格菩萨　中唐

图 36b 莫高窟第 231 窟　吐蕃风格柱与托木装饰线图　中唐

形柱头，柱身上镶嵌宝石等，佛殿两旁挂幡、立幢。图 36a、36b 有

的柱子上部绘作 S 形，柱头上置大斗承托三重托木，第一重呈卷云状，

卷云下有两重珠串弧形下垂弧于弧之间还有下垂的三宝珠；第二、三

重为横木形式，横目中间有几道箍及花饰。第二重在横木两头是突出

的三宝珠，宝珠前有两珠串及花饰垂下；第三重在横木两头雕作龙头

状，向外的一端也有装饰。在西藏保存的历史建筑中，吐蕃时期的建

图 37　二佛并坐的覆钵塔

筑寥寥无几，且多为少量局部。而大量的建筑群大多都是公元十几世纪以后的建筑，就在这些建筑上，仍然可以看到早期的影响，那就是柱子斗栱上承托硕大的托木。中唐敦煌壁画中于建筑两旁挂幡、立幢及柱子上置大斗托木的形式如今依然在西藏建筑中沿袭使用。莫高窟第 231 窟壁画中一 开间的二佛并坐的覆钵塔（图 37），在两边柱子中间有一道箍，箍中有突出的宝珠，箍的上下用不同色彩表示装饰，柱头上置大斗承托横木的托木，托木在大斗上不是居中放置，而是偏向中间多，外端少，托木端头三宝珠，有珠串垂下。这类型托木与放置形式在西藏阿里古格故城还有其形象。檐部作连续的板瓦圆弧，并以火焰宝珠装饰，之上有覆钵与塔刹，这种华丽繁复的建筑装饰只见于吐蕃时期。

　　房屋的屋身主要由柱子布置成柱网，用以支撑上部的梁、枋、椽、檩等水平的承重构件，所以柱子必须直立，才能有效地支撑上部结构的各种荷载。这是力学条件决定的，如果柱子弯曲变形超过一定限度，构件则可能受到损坏，严重时柱子上部承受的屋顶亦可能受到破坏，因此在现实中还没有发现木建筑受力立柱被加工成为弯曲状的实例，因为它违背建筑的力学原则。

　　敦煌壁画中唐以前描绘的建筑物都遵循了这一原则，变化多样的屋顶，直立的屋身，宽大的台基。而中唐直至五代、宋、西夏，许多壁画中出现了向内弯曲的柱子，有的柱子上部甚至呈 S 形的弯曲状，这样的木柱严重违背了木材本身的力学原则。硕大的屋顶与高耸的塔刹压在弯曲的柱头上，不知古人在木柱里加入了什么先进而神秘的材料，能使木材超越自身极限。由于在壁画中多处出现这样违背自然规

图38

律的画法，且延续了几百年，不免使我们对历史上是否存在这样的木柱产生怀疑，因此也无法回答这个问题。但愿以后能有新的发现，证明这种弯曲的柱子来源于现实，而非画家的臆想。莫高窟第361窟壁画中的一组寺院，位于中央的大殿为重楼式的塔形佛殿，三开间的佛殿立在方形的须弥座上，二层则改为圆形花瓣状的平面形式，攒尖屋顶上起塔刹，有四链系于檐口。两层殿屋的柱子上端均向内弯曲，栏杆、阑额、屋檐都呈弧形（图 38）。其造型独具特色，迄今尚未发现有吐蕃时代可作参照的建筑。

雕梁画栋

一千年前的建筑工地

三

一、建造

    我国古代社会从事百工技艺的劳动人民，地位是低下的，是最底层的劳动者。在神圣的石窟寺佛教殿堂内，不仅保存了各式各样的建筑物的图像，甚至还保存了许多建筑施工的画面。自北周以后各时代的敦煌壁画中都有一两幅建筑施工的图画，是不可多得的形象资料。前已提及，大多数的建筑画是作为佛教故事的背景出现的，那么这些施工图为什么会出现在敦煌壁画当中呢？佛教中倡导人们多做善事、种下福田，做七种事最能积功德得福报，被称作"广施七法"。这七种事业是有利于众生的善举，可以收到普遍良好的社会效果，也就是与社会公益有关的七种善行：①兴建浮图僧房堂阁；②兴造果园浴池、树木清凉；③经常施舍医药给众人治病；④制造坚实牢固的船济度人民；⑤建造桥梁过渡羸弱；⑥于道旁造井，使过路的渴乏之人取得饮水；⑦建造圊厕①施便利处。在这七种善行中，除了第三、四种外，其余都是与建筑有关的，而第一种多用建筑施工的画面来表现。

    最早的北周时期，穿插着建房造塔的场面，反映了古代建筑的施

---

①圊厕：即厕所。

工过程。在图39这幅施工图中有一座殿堂即将竣工，有四个工匠正在施工中，其中两个画工，两个泥工。画工们身穿袍服，脚下蹬靴，正执笔绘画。泥瓦工们仅穿一短裤，赤膊赤足，正递接一根长杆。本图之上，还有一幅建塔图，六个泥工正在施工，其中有一人手持矩，他们均着短裤，赤膊赤足。从工匠们的穿着上，反映出工匠们的艰辛劳动和由于分工不同而显示出的社会地位。

隋代壁画中在供塔拜塔的同时，还不忘表现建塔的过程，莫高窟第302窟壁画是伐木造塔的全过程，从表现伐木、搬运木料，直到即将有一座二层佛塔竣工（图40）。除伐木搬运者外，另有数人在佛塔上下忙于施工。画面上还表现了当时的一些施工工具，其中有一辘轳正架设在屋顶上，有一工人在旁边操作。工匠们均赤膊劳作，是当时劳动艰辛状况的真实写照。

佛教徒认为，建寺造塔除了是利益众生的善举外，更重要的是可

图40

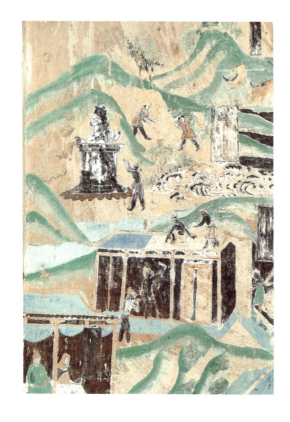

图41 | 莫高窟第321窟
施工图 初唐

以得福报。图41就是表现为了积功德得福报建寺造塔的画面。画中概括地表现了建寺的施工情景，房顶有两人在上房泥，屋顶比较平缓，属西北干旱地区的建筑习惯。檐下两人正墁抹墙泥。山前是一座即将建成的塔，上下有工人正在劳作。

宋代的建房施工图，也是宣扬建佛寺精舍积累功德。图42中在砌好的方形台基上，已立好房屋的柱网，两个工人骑在梁上，正在安装叉手。台基上两个工人向上传递物件，屋外一人搬运木构件，另有两个工

图 42

人在加工构件，可以看出使用的工具为锛子。旁边有组装好的几组斗栱。房屋前有一穿袍服的人，可能是工地的监工或施主。同窟另有一幅施工图，绘出来两人上下拉大锯的情景。这些画面虽比较粗略，但从中可以看出中国传统建筑是以垂直的柱和水平的梁枋组合成受力的框架，然后才盖屋顶、砌墙、安装门窗等。墙体没有荷载的功能，只起隔绝内外和防寒保暖的作用，根据地域的不同，墙体的厚度也各不相同。

二、拆除

　　壁画上一般所见都是建筑物的外部形象，而通过修建图，可以看到修建过程中的梁架结构，同样在拆除的过程中也可以看到梁架结构。佛教徒以建造佛寺僧房为功德，而与之相对应的外道，也就是那些不信佛的或其他宗教的信徒，在佛教绘画中就被表现为执迷不悟、拆毁宝楼的形象。佛经中说，在弥勒佛主持的未来世界里，有一个国王把一座宝幢献给弥勒佛，弥勒佛发慈悲心，把宝幢转赐给外道婆罗门众人。婆罗门们内心贪婪，当即把宝幢拆毁并瓜分了。表现这一主题的壁画上多绘一群婆罗门人拆除一座幢幡，但自盛唐到宋代有少数壁画，都画作一座重楼或塔正在被拆除。

　　盛唐的拆楼图，可以看见房屋内部的基本结构。图 43 中的二层楼，上下均为三开间，上层开间收小。两层之间有腰檐。上层屋顶的瓦与椽子都已被拆除，仅留梁架部分。歇山房架的结构曝露在外，四角有角梁，前端有子角梁。平梁上安放三角形驼峰，作用与叉手相同。驼峰上有斗，上承脊檩。整个楼屋的结构清晰合理，楼上有工人正在劳作，地上还有散乱的砖瓦木料，表现了房屋拆除的施工场面。画师将建筑

图 43

结构交代得清晰而准确，正说明当时很多画家同时也是建筑设计师，如唐代的阎立德、阎立本兄弟俩，都是唐代初年有名的画家，同时又是建筑设计师。

　　中唐所绘的榆林窟第25窟中的拆楼图（图44），婆罗门们正在拆除一座两层楼，下层尚完好，上层的屋顶已经拆掉，仅剩下柱子和部分梁枋，其中一梁栿之上有大叉手一组，形成三角形的梁架，从力学角度看，是一种稳定的结构形式。更少见的是，从已拆除的二层楼面上，看见有一人正从一层楼梯上至二层，楼梯口开在二层地面的中间。在敦煌壁画中，能看到室内楼梯的建筑实不多见。

图44 榆林窟第25窟 弥勒经变 中唐

殿堂楼阁

富丽堂皇的单体建筑

四

从初唐开始，敦煌壁画中有了大型的寺院建筑群，主要用来表现诸佛主持的各种净土世界及说法的场面。在这些寺院建筑群和院落组合中，都是由各种高低错落，大小不一的单体建筑互相搭配，组成主次分明，起伏有致的建筑群落，而构成寺院建筑群的单体建筑类型繁多，常见的有殿、配殿、堂、楼、阁、角楼、碑阁、钟台、经台、门、廊、露台、塔等。盛唐时期，各种单体建筑就如棋盘中的棋子一样，有着各自固定的功能和形态，在不同的时代和不同的院落布局中，棋子的变化由松散向着严密紧凑过渡。中、晚唐时期寺院建筑画中的单体建筑大多在保持盛唐形式时，融入了一些吐蕃艺术风格，出现了不少别具风味的作品。

一、殿、堂

一般来说，殿比堂要高大显赫，殿总是处在主要位置，如寺院中的大雄宝殿；堂则处于殿的前、后、左、右，如观音堂、罗汉堂等。隋代已有七开间大殿，初唐只见三开间殿，而盛唐最大的佛殿为五开间。据考古资料显示，唐初开始建造的大明宫正殿含元殿，面阔十一间。

图45 第172窟 寺院中的殿宇 盛唐

唐大中十一年（857年）重建的佛光寺大殿为七开间，佛光寺不算是唐代的大寺，大殿已用到七开间，壁画上佛殿的规模一般都偏小，可能是为了节省笔墨的缘故。莫高窟第172窟壁画中为寺院正中的大殿及其后面的两重殿宇，屋面均为庑殿顶，顶上的斜脊弧线舒展，正脊两端有鸱尾。前面的大殿面阔五开间，副阶一周[①]。中间殿屋三间，次间开直棂窗，窗框内满涂绿色，似表示窗内的绿窗纱。柱上有阑额两重，斗

——————
①副阶，即廊。副阶一周，就是在建筑主体构架周围加廊的做法。

图46　弥勒变中的配殿　莫高窟第148窟　盛唐

栱画得规范工整，是盛唐斗栱技术成熟的标志（图45）。

　　配殿是主殿两侧的殿堂建筑，图46中大殿两侧的三开间配殿，下有须弥座台基，殿身不设墙壁门窗。正面阑额下悬挂帘幕。屋面歇山顶，在屋顶两坡中间下垂悬鱼，两侧面上贴博风板①。山面下部有曲脊，透过山面开口可以看见两坡内的椽条。配殿前与寺院中间的大露台相连，后面与重廊复道相通，交通路线非常方便。

———————————

①博风板是古建筑屋顶两山的木构件，于梁架两头安置，用以保护椽头和檩枋端头。

中唐是吐蕃统治敦煌时期，吐蕃佛教由于所处地理位置的关系，在形成及发展中，同时受到中原、西域、克什米尔、尼泊尔及印度在内的诸国家、地区佛教的巨大影响，吸取了四邻诸国家、地区佛教的精华，形成的吐蕃式佛教也影响到敦煌壁画里。在寺院轴线正中的大佛殿，用二层楼作为寺院中心的主体建筑，楼顶作庑殿顶或攒尖顶，攒尖顶上有火焰宝珠，呈塔刹形式，这种形式一直影响到五代、宋时期。莫高窟第231窟壁画中一座寺院中间是一座三开间的二层楼，须弥座式的台基有上下仰覆莲、壸门，台基上有勾片小栏杆，下层柱子分为三段装饰。柱头上为七铺作斗栱，中间的明间开间较大，所以除了柱头上的斗栱外，中间的补间增加为五组，两边的补间也有三组，说明了这个大殿的规模很大，这也是壁画中补间最多的一个实例。下层屋顶上建平坐栏杆，之上是一座三开间带夹屋的形式，三开间柱子绘玛瑙纹，旁边挟屋柱子土红色，区分出主次等级。屋顶与两层屋檐均有火焰宝珠，只是屋脊正中的要大很多，是明显的吐蕃风格（图47）。

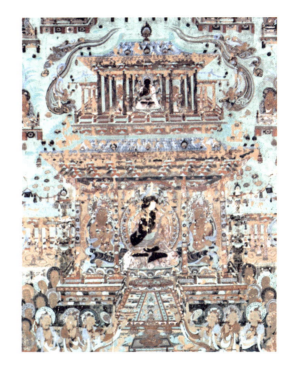

图 47

二、楼、阁

楼与阁在现代又统称为楼阁，是早已约定俗成的习惯称呼，但在初、盛唐时的敦煌壁画中，可以明显看出楼与阁是两种不同类型的建筑，它们在构造和外观形式上是有区别的：多层房屋最下层为平坐而没有屋檐的称为阁，最下层有屋檐呈殿屋形式的称为楼。由于都是二层的高层建筑，形式差别近似，在长期的演变中楼与阁的称呼渐渐就混淆不清了。

初唐敦煌壁画中清楚地表现出楼与阁的区别，如莫高窟第329窟

图48　莫高窟第329窟　三阁组合寺院　初唐

图49　莫高窟第329窟　二层楼组合寺院　初唐

南壁中的所有建筑都由阁组合成群（图48），而北壁中所有建筑都由楼来组合（图49）。初唐敦煌壁画中，阁的形象很多，常常单独使用，不与楼相混淆。通过对比，可以清楚地看出"多层房屋最下层是平坐的，称为阁；最下层是殿屋的，称为楼"的特征。可见在初唐和盛唐初期的壁画中楼、阁形象分明。

楼和阁的区别在盛唐初期仍很明确，有时延续初唐一壁的寺院

图50　敦煌莫高窟第217窟　寺院中楼、阁、台的组合　盛唐

由楼组合，相对一壁全部用阁组合成寺院的特点。而莫高窟第217窟的净土画面中，有八座二层建筑，其中四座阁，两座台，两座楼（图50）。集楼、阁、台于一幅画面中，所以很容易分辨出它们的特征。最直接简便的区分就是，二层阁的柱子上只有一层栏杆与一层屋檐，而二层的楼上可见一层栏杆两层屋檐，下层屋檐称腰檐，腰檐上设平坐栏杆。上下两层的面阔和进深可以有较大的变动，这就是楼与阁在外观上显著的差别。阁的形象到盛唐以后就从壁画中基本消失了。

角楼是在回廊的转角上，出平坐再建面向中间的歇山式小殿。寺院中的角楼早期没有看出它的实际作用，也许就是一种登高远望的意境。自莫高窟盛唐第217窟壁画里出现钟楼与经楼后，有的寺院角楼即作为钟楼和经楼使用。而有的角楼则是作为二层的一个通道与弧形小桥——飞虹相连，组成大型寺院高低错落的天际线。莫高窟第148窟壁画中大型寺院后部回廊转角处的屋顶上出平坐，平坐上建三开间角楼，一周全部悬挂帘幕。角楼正面有弧形小桥——飞虹，通向前面的重楼，飞虹上有菩萨行走，充满了人间情趣（图51）。

碑阁是用来放置石碑的阁式建筑。我国古代的祠庙、寺观中竖立碑石记述有关事件或歌功颂德，是由来已久的习俗。盛唐时敦煌壁画中出

图51

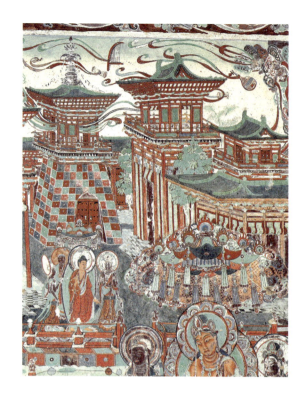

现碑阁的身影，是现存碑亭建筑的早期形式。莫高窟第 217 窟壁画中的二层阁就是一座碑阁，阁下层完全敞开，中有黑褐色的方柱，应该是碑石（图 52）。

三、台、平阁与楼橹

台是一种古老的建筑类型，春秋战国时曾经是当时建筑的主体，在河北邯郸、山东临淄及陕西咸阳，都遗留下了体量很大的土台，现

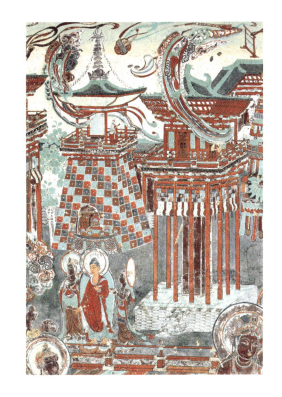

图 53 | 净土变中的钟台
莫高窟 盛唐

在称为高台建筑。随着建筑技术的发展，高台建筑逐渐退出历史舞台，

却留下许多颂扬高台的名诗、名句，供后人凭吊、想象。敦煌壁画中

的高台表面，还用几种颜色的方块图案，有规律地绘满。在古文献中，

描写隋炀帝观灯的场面曾有"钟发琉璃台"的诗句，既称钟台，又是

琉璃台。

台在初唐还没有被纳入寺院建筑群中，盛唐的台主要是钟台与经

台，莫高窟第 217 窟净土世界中的钟台最为典型（图 53），钟台分

上下层，下层为台，四方形的四壁用四色方块饰面，下大上小。上层

在台上建平坐栏杆，上置钟楼。楼内悬挂一口洪钟，旁有撞钟的比丘。钟楼檐下画绿网，遮挡了檐下的斗栱及椽子，仅露出角梁。这是为防止雀鸟在斗栱间栖息，安装的"护殿檐雀眼网"，由竹篾编制而成，又称"罘罳"。钟楼四角攒尖的屋顶上，安置塔刹相轮，有链系于屋顶四角，链上垂金铃。塔刹本来是缩小了的塔，是佛教的标志，放在钟台与经台上，使建筑造型更加美观。第217窟的钟台建筑台壁用不同色彩的方块表现，正是琉璃砖贴面的反映，也说明华丽装饰的应用已经非常广泛。

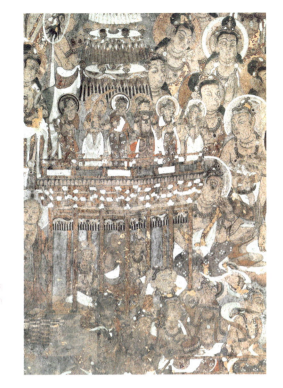

图 55

　　平阁是初、盛唐敦煌壁画中出现的一种小型建筑，在宫殿、寺观的院落中，是空间形象的小点缀。壁画中的平阁有两种形式，一种如莫高窟初唐第 341 窟露台之间的小桥上，于小桥的四角立柱，柱上有斗栱、短椽，上建低矮的栏杆平台，台上有伎乐数人正在盘坐演奏（图54）。另一种如莫高窟第 445 窟，于一台基上立柱，柱上建平坐栏杆，上有伎乐六人在演奏乐器（图 55）。与第 341 窟的区别在于它没有腰檐，完全是阁的下半部造型。第 445 窟壁画中是盛唐时的平阁形象，这座平阁柱网建于台基上，柱头上有平坐栏杆，上有伎乐演奏。对这

图56 莫高窟第341窟　楼橹　初唐

种有伎乐演奏的木构高台的名称，最初只能以其使用功能称为乐台。晋陆翙所作的《邺中记》中有云："石虎正会置三十部鼓吹，三十步置一部，十二皆在平阁上，去地丈余，又有女鼓吹。"文献记载与壁画中所见有伎乐的木构高台正好吻合，它就是平阁形象，这种建筑也已随着历史的发展消失无闻了。近些年通过考古发掘，在新疆阿斯塔那墓中发现一件明器，与壁画中的形式非常相似，也因为不知其名称而在博物馆展出时被定名为木亭，现在通过文献资料与壁画图像的对比说明，它就是只存在于文献中的平阁，在敦煌壁画中以图像的形式出现。

　　楼橹是初、盛唐壁画中出现的处于配殿位置的一种单体建筑类型，根据文献描述，"楼橹：露也，露上无屋覆也。"《孙子兵法》曰："攻城之法，修橹轒辒，其器械三月而后成。"《后汉书·南匈奴传》："初，帝造战车，可驾数牛，上作楼橹，置于塞上，以拒匈奴。"《西京杂记》记："昆明池中有戈船、楼船各数百艘。楼船上建楼橹，戈船上建戈矛。"由此可见楼橹的功能是登高望远，多作为军事设施，用于城墙上，也

图 57　榆林窟第 445 窟　楼橹　盛唐

图58 | 莫高窟第 /48 窟
榰十楼橹 中唐

在平地的战车或战船上起楼作橹，仍然用于军事。如今楼橹的名称保留在文献中，却不见实物遗存。唐代敦煌壁画中，有多种在屋顶或城墙上起平坐栏杆，而没有再覆盖屋顶的建筑，应该就是文献中的"橹"、"楼橹"形式，最早且最漂亮的楼橹图像应当是东晋顾恺之《洛神赋图》楼船上的楼橹了。敦煌壁画中主要表现佛教内容题材，看不到用于军事上的楼橹形象。壁画中的楼橹上，或坐或立的人物多是佛、菩萨及作演奏的歌伎，如莫高窟初唐第341窟南北壁的寺院组合中在配殿旁的楼橹，下层有佛坐于室内，屋檐下有上翘的障日板，屋顶上起平坐栏杆是为楼橹，楼橹上有伎乐演奏（图 56）。作为伎乐演奏的楼橹，还有莫高窟初唐第 335 窟南壁。莫高窟盛唐第 445 窟北壁楼橹上坐佛与菩萨等（图 57）。晚唐敦煌壁画中还在"佛顶尊胜陀罗尼经变"中有楼橹形象，在楼橹平台上放一经板，表现了佛经中"佛告天帝：若人能书写此陀罗尼，安高幢上，或安高山，或安楼上"的内容。此外，也见在船上起楼橹的，只是规模不大（图 58）。楼橹形式从初唐直到宋都有表现，其形式与文献记载时代基本相符，只是自宋代以后楼橹在壁画中就绝迹了，但在现代的古建筑研究文章里还保存着这个词汇。

四、门、廊

寺院一般南向，其最前面的总入口，称为外门。在此以内的回廊院大门，唐代称之为三门。为什么将寺院的大门称作"三门"，一者多数寺院的大门由三座门屋组成，二者以三门来比喻佛教中的"三解脱门"，所以寺院的门都可以称作三门，初、盛唐壁画表现的大幅寺院建筑群主要以寺院内部的场景为主，只在弥勒世界的天宫有三门的形象。中、晚唐以后，由于壁画布局的改变，一壁一幅的大型经变画改为一壁多幅经变的形式，所以画幅由疏朗开阔变得竖长狭窄，加长了寺院建筑画的纵深感，这时在寺院建筑画前又增加了三门与围廊围合成一座完整的院落。至五代、宋时期，寺院内三门、殿堂、配殿、回廊、角楼等种类繁多的单体建筑罗列。莫高窟第 61 窟壁画下部的三门正面廊上一列七座形式不同的楼阁，中间是一座二层弯柱子佛塔，围绕佛塔两旁及后面有用围廊飞虹相连的十三座楼、塔等，使画面有失于庞杂壅塞（图 59）。

廊在古代普遍应用于各种建筑，通过回廊交通连接各单体建筑。壁画里盛唐晚期用回廊组合多种单体建筑，形成了规模壮阔的大型佛

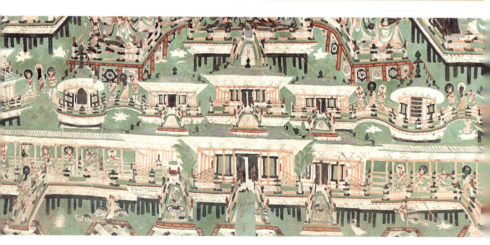

图 59 莫高窟第 61 窟 三门 五代

四

寺。回廊的应用使寺院的布局更加灵活。壁画中的大型寺院，对于回廊的应用也各不相同，有的长廊舒展，有的廊上建角楼飞虹，形成美丽的天际线，有的用长长的回廊围合出寺院的范围，再用回廊分隔内院。回廊成为组织院落、变换布局不可缺少的调节，也使得各种不同的单体建筑被串联在廊道上。因而廊道一直为以后的寺院图像大加运用。莫高窟第172窟壁画里表现了一座大型寺院建筑的内景，可看到五开间的二层楼配殿与回廊、角楼（图60）。配殿楼前的回廊向前延伸出画外，后面在层楼

图60 　敦煌莫高窟172窟　　宫城院落　盛唐

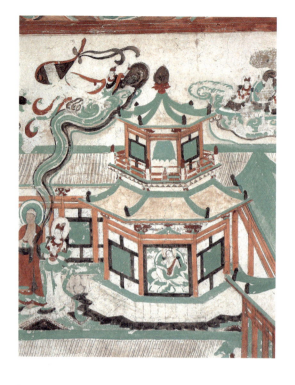

图 61 敦煌壁画 两层
六角钟楼 实测

之后还有一座圆形木塔掩隐在树丛中，造成前后侧面还有许多建筑与院落的暇想，使有限的画面容下了无限的空间。整幅绘画，透视合理，展示了盛唐建筑的富丽恢宏。

五、钟楼、经楼

在寺院群中，钟楼和经楼是必不可少的建筑，它们的体量较小，放置的位置没有一定之规，它们的形象作为群体的一个调节剂，可以自由布置，为寺院建筑群的平面及空间形式赋予了较多的自由变化。

钟楼和经楼的形状也呈现多种变化，有八边形、圆形或下层八边形，上层为圆形的二层小楼，楼顶有的是攒尖顶，有的则将塔刹装饰其上，高耸的塔刹表明了佛教寺院的特性。

壁画中钟楼与经楼的位置并不固定，在左或右的概率大致各作半数。寺院里"鸣钟济苦，兼以集众"的钟声，有着深刻的宗教含义，因而产生出"洪钟震响觉群生，声徧十方无量土，含识群生普闻知，拔除众生长夜苦"的偈句。在古代社会生活中，佛寺的钟声，往往引发文人们无限的遐想。夜泊枫桥闻钟，产生了咏钟的千古绝唱。敦煌壁画中的钟楼与经楼都是成双布置的，外观形式相同，内中一个挂钟，一个建成楼屋形式，屋中摆放层层搁架，上面是卷卷经文。莫高窟第85窟壁画中的钟楼与经楼在寺院后面的两边（图61），八角形的钟楼下有砖砌台基，台基四面有台阶。下层楼内有菩萨在莲座上作游戏坐。屋顶上起平坐，建八角钟楼，内悬洪钟，八角攒尖顶上冠以莲花、宝珠。

六、宝池、露台

唐代净土变中大面积的池水，源于佛经内容的要求是无可置疑的，在现存的古寺观中，山西太原晋祠金代所建圣母殿前有"鱼沼飞梁"，池上有十字桥梁，但池的面积太小。云南昆明始建于南诏的圆通寺[①]，回廊院内有大面积的水面，池中有石桥、大亭、甬道等建筑，与唐代敦煌壁画中的净土寺院景象相近。

壁画在寺院建筑前绘出大量水池，最初出现于隋代，经初唐的发展，到盛唐的大幅壁画中，已呈巍巍壮观之势。大片的水面上出平坐建露台，更有甚者将寺院殿阁也建于水中平坐上。唐代长安诸寺内有池水，但并不占十分重要的地位。壁画中的净土世界，尽一寺之殿、阁、楼、台全建于宝池水中，只能理解为画家为了体现佛经"七宝池、八功德水"，而创作的西方极乐世界理想化的境界。在当时的现实社会中，于水中修建的建筑技术，已有成熟的经验。壁画中将现实社会中的技术用于表现佛国世界虚幻的境界，创造了佛国世界里美丽的画面，使人们观后，充满对未知的西方极乐世界的幻想，从而达到信仰和崇拜佛教的目的。莫高窟第321窟壁画的下方，有一片水域，水中莲荷丛生，莲荷中有化生童子现身（图62）。在靠近化生童子的水中，有一座建于水中的二层阁与斜廊，它们是在水中的立柱上建柱网平坐，再

————————
① 该寺现存建筑是元代以后所建。

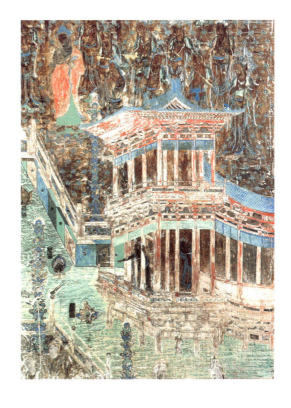

图62

在平坐上建二层阁与斜廊。阁与廊所用的木构件绘成朱红色，石青色瓦顶，蓝色与绿色的帘箔分别挂在一层、二层檐下，形成富丽的色彩对比。阁前廊下有菩萨手扶柱子探身向前，在招引水中莲花里的化生童子，使佛国的西方极乐世界里充满了世俗的生活情趣。

　　建筑前池水中的大量露台，其数量之多，可能出于佛经内容的需要，可能是夸张之作，但露台的存在并非纯属虚构。露台的名称早在汉代就出现了，唐代时有很多名称，如"露台""舞台""砌台"等。壁画寺院里有很多天人、伎乐的歌舞场面，是源于现实的，《洛阳伽蓝记》

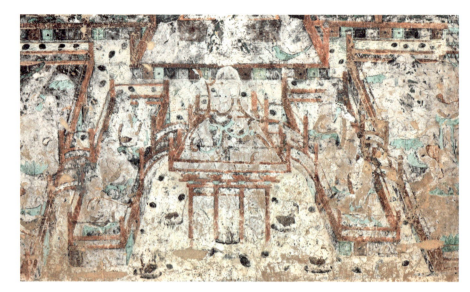

图 63　莫高窟第 120 窟　平座露台　盛唐

记之北魏洛阳城中的景乐寺"至于大斋，常设女乐，歌声绕梁，舞袖徐转，丝管寥亮，谐妙入神……召诸音乐，逞伎寺内，奇禽怪兽，舞抃殿庭，飞空幻惑，世所未睹……士女观者，目乱睛迷"。可见古代寺院兼作文化活动场所，由来已久。

作为演出用的舞台不见有唐代遗物，仅在文献记载中可见唐代宫庭中有舞台设施，杜牧诗曰："向无罗袖薄，谁念舞台风。"作为寺院里演出的舞台在山西、河南的一些宋代神庙图碑上可见露台形象，旁有榜题书"路台"。今嵩山中岳庙峻极殿前仍有露台遗迹，长宽各

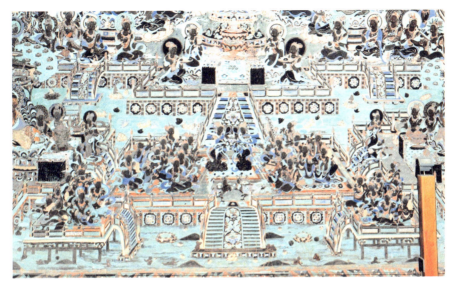

图64

十一步，高 1.15 米，台面以青砖铺砌，周遭砌以条石，南北两侧有台阶可上下，与所存图碑里的露台相符。现日本大阪四天王寺中的庭院中间有一座石砌露台，台周围有栏杆，是寺院的重要文物。

　　壁画寺院中露台上的歌舞场面，只是被画家进一步地发展了，而且这时中心舞蹈者的露台已出现升高的趋势，两侧奏乐的露台降低，好似如今舞台与乐池的关系（图63）。寺院内的露台经过长期的演变，由低矮的露台逐渐升高为戏楼，并移向寺外发展，这是辽宋以后的情况了。

莫高窟盛唐第 148 窟东壁两幅大型寺院建筑画场面宏大，画面前的宝池、露台场面也是相当壮阔，如东壁南侧的寺院建筑画前的露台，在倒"凹"形围合的建筑前有大小八座露台，正中佛所坐的大露台与配殿前的月台相连，大露台前有东西二阶与前面的小露台连接，这样就将全部的建筑、露台连接在一起。而东壁北侧的露台为不使重复，将佛所坐的大露台变化为一个倒"凸"的形式，前面伎乐表演的三座露台呈"品"字形安排，大露台中间与小露台连接。在建筑方式上大露台为实心砌筑，正面用蜀柱分隔若干隔身板，板上由团花图案装饰，工整富丽。露台中部有宽大的弧形台阶，台阶两侧有踏跺，中间为斜坡御路。小露台于柱网上建平坐，前有弧形梯道，显得小巧轻盈。露台与台阶边沿设勾片栏杆。前面的露台上有伎乐舞蹈和伴奏，形成热烈壮观的歌舞场面。后面为佛、菩萨、天人讲经说法及观看表演的露台（图 64）。

市井生活

琳琅满目的世俗建筑

五

一、民居

  住宅是各个时代修造最多的一种建筑类型，由于贫富的差别，住宅的规模和形式表现得千差万别，加之生产和生活方式的改变，住宅比较难于长期保存，早期壁画中提供的住宅形象更显其珍贵。从北凉到北周的一百多年里，敦煌历史上经历了北凉、北魏、西魏、北周四个时期，这几个时期的住宅，在敦煌壁画中的表现形式差异很大，不能一概而论。

  敦煌北魏壁画中，有一座坞堡宅院。坞堡最初是边塞上用以屯兵守卫的小型城堡，东汉时期已为民间的富豪之家采用。魏晋时期，北方战乱频繁，地方豪强筑坞堡自卫。莫高窟第 257 窟壁画中宅院三面有城垣围绕，一侧有门楼，院内有堂，堂后有四层望楼，楼后有园，概括表示出宅院内的门、堂、寝、园的布局（图 65）。宅第的墙垣上设雉堞，沿墙有突出并高于城垣的墩台即马面，显示出城的防御功能。院内的堂中正在接待宾客；堂侧有四层望楼，楼下挂幄帐，设屏风，一人睡卧于床榻上，楼上一人凭栏祷告；楼后宽敞的庭园里有花草。这个宅院正是魏晋南北朝时敦煌、嘉峪关一带的坞堡形象。

图65 莫高窟第 257 窟 须摩提女缘 北魏

北周的宅第画略显简单，只是绘出房屋院落的大概形式，没有建筑的细部结构。但多种形式的院落组合，为以后建筑组群的发展开了先河。北周之后的隋代敦煌壁画中就可以看到逐渐发展的住宅建筑群。莫高窟第 296 窟壁画中有多处住宅，布局繁简不一，大多由门、堂、廊组合成院落。堂屋下有高台基，边沿有栏杆，两侧有厚墙，屋顶作单檐歇山顶或是带披檐式的四阿顶形式（图66）。这种单檐或带披檐式的重檐殿堂，始见于北魏壁画，并延续到隋代。

受到新题材和新的绘画风格的影响，隋代在北周居住建筑的基础上，有了更大的发展，有的壁画描绘出大片民居宅第，纷繁多变，反映出隋代住宅建筑的丰富性。西魏敦煌壁画中反映的住宅建筑已有曲折的围墙，墙上覆瓦，隋代将其进一步发展得更加曲曲折折。宅院之间以树石山林、莲池流泉等表现出生动细腻的空间环境，并用以分隔不同情节的画面。

莫高窟第423窟人字披窟顶东披满绘须达拏太子本生故事画，画面随着须达拏太子的活动情节，画了八个宅第，布局繁简不一，但没有一座雷同。这些宅第楼堂高耸，廊庑曲折连绵，令人眼花缭乱，

图66 莫高窟第423窟 人字披窟顶 隋

图67 莫高窟第423窟 （初盛唐） 窟顶

其目的大概是使人感受画面的丰富，宅第的曲折幽深。唐代诗人张藉
（768—830 年）在《废宅行》中记"曲墙空屋多旋风"，把住宅的围
墙修得曲曲折折，可能是因地制宜追求自然的做法，是造园审美观念
的表现。莫高窟第 423 窟壁画中绘出与故事情节有关的八座住宅院落，
周围有连绵起伏的山峦围绕。院落布局形式多样，简单的有一门一堂

和廊庑组成的方形院落。繁复的院落内廊庑曲折婉转，主院右侧有偏院，内置一堂和廊庑，正面不设门，表示与主院的差别。门和堂都起二至三层的重楼，颇似现在南方民居建筑中的披檐形式（图67）。

莫高窟第419窟人字披窟顶上的故事画中，根据故事人物的活动，画了许多民居、殿堂以及斗帐车马等，每一建筑物周围有起伏的山丘和茂密的林木环绕，构成故事情节的分隔，丰富了画面的艺术情趣。

图68　莫高窟第419窟　隋代壁画　隋代

此窟在表现出很多建筑宅院的同时，还将建筑结构表现的很清楚，反映了隋代的建筑形式和结构都处于较大的变化过渡之中。第419窟壁画中在曲折的廊庑中，绘有不规则的大小厅堂数幢，中央一体形高大的厅堂，披檐式的重檐歇山顶，所有的房屋都是廊庑一周，房顶上有狐、鼠、蛇、蝎等各种动物，表示佛经中所说的房屋已经衰朽（图68）。

民居建筑关乎人们生活衣食住行中最重要的"住"的功能。在佛国世界中除了表现佛的住所外，大量的民居建筑是俗人们的住所。时代在前进，民居的建筑形式随着时代的进程而不断发展变化，因此唐及唐以后的民居建筑较隋代有了很大的变化。如莫高窟第23窟南壁，本应该表现一座城池的形象，但画家却画了一座典型的北方民居大院。在夯土院墙之内，另有廊庑围合的内院，正中堂屋三间，两侧各有夹屋三间，堂屋之内均有床。与堂屋相对的房屋，犹如四合院里的倒座。宅院的门不在轴线中间，而偏向一侧，与北方四合院的宅门在东南角相同，夯土院墙的一侧有形如乌头门的院门（图69）。民居建筑是画家熟悉的建筑形式，这里表现的民居大院犹如几十年前在敦煌城乡中仍能见到的一种大宅院形式。建筑是时代一面综合的镜子，一两千年来民居的变化竟然如此缓慢，反映封建社会的发展是相当缓慢的。

图 69

图70　莫高窟第445窟　围屋式院落　盛唐

　　莫高窟盛唐第445窟弥勒世界中以庭院形式表现了十座不同的院
落。壁画本是表现弥勒佛居住的天宫寺院，但它们的形式与现存我国
南方客家人的围屋相似，所以也把它们看作是一种民居形式。天宫绘
在一座座祥云缭绕的悬崖峭壁上，形成一个个独立的院落，院内再分
隔成一进或多进。院落平面不拘泥于常见的方形或矩形，而是随着地
形变化出圆形、心形或桃形、前圆后方等等，院落全部有围墙环绕，
形成座座围屋，反映了当时庭院建筑的多样性。其原形可能是历史上
为躲避战乱，在偏辟地区以家族或乡邻聚集修建的聚落形庭院，这也
许是南方客家围屋的早期形式。莫高窟第445窟壁画中这座院落建于
独立的悬崖峭壁上，充分体现出客家围屋据险而居的选择。民居有圆
形的围墙一周，四面有门，院中有三间堂屋，颇似南方客家围屋形式

的圆楼（图 70）。

敦煌壁画中晚唐民居的共同特点是由廊庑围合成四方庭院，又以横廊分隔为前后两院，前院较窄，成为进入后院的过渡空间。莫高窟第 85 窟壁画中住宅旁有一偏院作为厩舍，宅院后有农耕场面，表现出浓厚的生活情趣。这种富家宅院取对称布局形式，四面由廊子围合，院中用廊子分作前后两进，大门、前厅，后楼位于中轴线上，符合我

图 71

国传统的住宅观念。住宅左侧附属牲畜厩圈，夯土围墙，正面有乌头门作为出入口，与近代农村大户人家的住宅布局相似（图71）。

敦煌壁画中的五代民居多表现尊荣富贵之家，矩形平面的住宅，回廊围绕的院落，前有门屋或门楼，院中有的用横廊把大院分隔成前后两院，后院是家庭活动的主要范围，前院是一般仆役宾客的活动区域，它体现封建社会的家庭秩序。住宅的一侧是饲养牲畜的厩院，院中没有房舍，只有一草庵供仆役居住，贫富悬殊，形成生活的巨大反差。这种住宅旁有畜厩的布局,从山东沂南汉画像石上的庭院中就已有反映，直到近代在西北农村中还是较为典型的民居布局，可以说是近二千年一贯的传承。

四合院式的民居，虽然反映了宗法社会封闭性的一面，但在使用功能上也有其不可否认的优越性，这种由廊庑或是廊房围合成的庭院空间，是中国传统建筑的精华，庭院是室内生活的补充，又是室外生活向室内生活的过渡。在庭院中享受户外生活的舒畅，又保持内庭生活的宁静。

敦煌壁画中除了表现大型宅院外，还有许多茅屋形式，如宋代的茅屋小院，简陋的茅屋下依然有台基、踏步，茅屋周围用篱芭围合出

图 72 榆林窟第 3 窟　茅棚　庭院

院落，形成一座庭院空间。榆林窟第 3 窟壁画中建于山中平地上的三开间庐棚，中间有板门，两侧开方格窗，檐下斗栱勾画不甚清晰，穹窿屋顶上覆茅草，中央树有类似塔刹的装饰（图 72）。

　　壁画中的民居建筑无论是富豪宅院或是贫穷茅屋都有属于自己的私有空间，这是宗法社会封闭性的体现，所以它才能延续上千年而保持不变。

图73 莫高窟第285窟 宫廷 局部

二、宫廷

　　在不少佛教故事里，都以古印度宫廷为背景，如佛祖释迦牟尼就是印度迦毗罗卫国净饭王的太子，而他前世时也多次转生成王子累世行善，所以壁画中的故事有很多是以宫廷为背景的。

　　西魏五百强盗成佛故事画中的宫廷建筑，国王正坐于宫殿前审判被俘获的强盗。宫廷由殿堂、门楼及宫墙组成一组门堂建筑群。建筑的台基绘石绿或青灰色，墙身用白色，红色表现木构件，形成"白壁

丹楹"。殿为歇山顶，旁边有四阿屋顶的两层门楼，按照封建社会等级制度的规定：四阿屋顶是最高等级的屋顶形式，在唐代壁画中被用于寺院建筑群的大殿上，可见当时的礼制还没有对屋顶形式划分出相应的等级（图73）。

宫廷建筑画是唐代未生怨故事里必须表现的重要的建筑形式，描绘发生在皇宫里的宫廷政变。壁画中根据不同的时代和绘画方式及绘画位置的变化，表现出许多形式各异的宫廷建筑，极大的丰富了建筑画的内容。莫高窟第431窟壁画将频婆罗王的宫庭横向画为一长卷的形式，概括的反映出宫廷中前朝后寝及御苑的三个组成部分。是莫高窟最早的观无量寿经变中的"未生怨"故事。

从盛唐兴起的未生怨画面，像条幅一样从下到上，依次表现宫城、宫门、殿、楼、阁、御苑等几个部分的内景（图74）。最下面是宫城的城门，门外列戟架，旁边有卫戍兵丁。皇城内又有宫门，院内有太子骑在

图74

马上，由士卒押着国王进入宫门。然后表现国王被囚禁在殿中，夫人探视并秘密为王进食。在内院中有廊庑一段，三间庑殿顶的殿堂一座，殿内有床，床后有屏风。太子在殿前追杀母亲，院中有大臣劝阻。最后夫人也被囚禁在这一院内。这一层院子似为御苑，临水建筑为水榭，下层柱网间全部开敞，透过柱网可看见苑中的池水。

　　盛唐各窟绘制的未生怨，大同小异，按照故事发展情节，组织表现了"帝宫九重"的意境。在条幅形的画面里，院内的重重建筑按左右轻重搭配，绘出全部或一半或少半，这样的安排，使条幅的画面布局稳定，且显得生动活泼。庭院内再用树木修竹点缀其中，更显宫院内廊庑曲折，庭院幽深。画家在狭长的空间内，利用门、廊、墙分隔院落，再以殿、楼、阁、堂等配置画面平衡。图75中的这座宫廷由下而上构筑了七重宫院，表现了宫廷的深邃，以及众多人物活动的情景。

　　晚唐以后的未生怨故事画，这时移在了经变画的下部，用一幅幅的屏风画表现故事内容。画中用两重院落画出王

图75 莫高窟第172窟 未生怨故事 盛唐

城，宫庭政变就发生在宫城与宫门之间的空间，联想到唐初秦王李世民与太子李建成的弟兄残杀，正是发生在长安宫城的玄武门，史称玄武门之变，壁画的描写与历史何其相似。未生怨故事中的宫庭，用正面俯视的角度表现前后两进院落。前院正中有宫城门楼，两侧为夯土城墙，城内左右有殿，与廊子相通，后院即为后宫，有廊庑一周，正面有三开间的堂建于台基上，院内太子持剑正在追杀其母。前后两院概括的表示出前朝后寝的布局（图76）。

图 77　莫高窟第 61 窟　宫城院落　五代

　　五代在释迦牟尼传记故事画中，有许多宫廷形象，每一座宫庭外都有城墙，城墙就是宫墙，环绕着宫廷。宫城外有骑兵奔跑巡逻，城墙上有士卒守卫。宫庭内在轴线前方有殿堂，两旁有厢房，庭中有伎乐正在歌舞演奏。另有一座宫廷，由四个廊院组合而成，平面布局将城中以横廊分成前后两院，在前院再用两道竖向的廊子分隔成三院，组成一大三小四院的格局。这座宫廷讲述的故事内容是为悉达多太子纳妃的场面：悉达多太子长大成人，其父净饭王为太子建冬、春、夏三宫，纳众嫔妃于内，以声色娱悦太子不要出家。壁画中的宫廷图，沿用传统民居封闭的四合院形式，以院为布局单元，按中轴线从前向后布置轴线建筑及两侧对称的辅助用房等。但宫庭和民居在规模及建筑标准上是不可同日而语的。图77中前面左右两院及后面一大院即冬、春、夏三宫，内中有伎乐演奏，婇女侍奉。院与院之间都有门屋相通，表现了不同的宫廷布局。

三、其他

在敦煌壁画的佛国世界中，除了上述反映比较多的民居、宫廷、城堡等大量的世俗建筑外，还有许多数量少，且绘画规模也小的其他世俗建筑，它们共同组成了丰富多彩的世俗社会，也完整的表现了世俗生活中的建筑形式。

1. 坟墓

壁画中的世俗建筑类型中，反映比较多的首先是坟墓，人们不仅

图78 莫高窟第296窟　坟墓　北周

要问，舍利塔不就是一种坟墓形式吗？是的，舍利塔只是佛的坟墓，世俗的人们是不可以起塔供养的。在早期壁画故事中，坟墓多是出现在佛经故事中，讲述了很多世俗的人们是如何通过种种艰难，最后皈依了佛教。北周壁画中微妙比丘尼因缘故事画，描绘的是一个古老的发生在印度的故事，讲述一个女子因前世作恶转世后屡受恶报，其中有女子随夫殉葬活埋的场景。画面里的坟墓形式犹如新疆帕米尔高原如今仍然在沿用的一种坟墓形式——玛扎（图78）。

图79 榆林窟第25窟
弥园 中唐

　　唐代以后，坟墓多出现在弥勒经变中，讲述的是在未来的佛国弥勒世界中，人们的生活如何富足幸福，人的寿命将达到八万四千岁，而且进入坟墓并不是痛苦的事，临终前老人们会自动进入坟墓，并在那里一心修行，死后就可进入佛国的极乐世界。榆林窟第25窟壁画中穹窿形的墓室中有床，老人安详地坐在床前，周围有离别前跪拜和悲伤啼哭的家人。墓室周围有夯土形式的墓园围墙，围墙转角处有角墩，正面有墓道，墓道前又有墩台。敦煌及周边的魏晋墓，墓地的营建方式与壁画中的相同，正是当地风俗在壁画上的反映（图79）。

2. 客栈酒馆

客栈是设在旅途中供人休息的客店，图 80 中是表现文殊菩萨修行的道场五台山当时的兴盛场面，其中出现了七处旅店，分别布置在通往五台山的通衢大道旁，旅店旁边有榜书题写着"龙泉店""太原新店"等，店铺旁有踏碓舂米，推磨铡草喂牲畜的繁忙场景。画中的旅店规模为三开间的房屋一座，周围没有围栏。房屋一边有一头小毛驴在牲口槽边吃草，另一边有两人正忙着铡草，为来往客人的交通工具——牲畜准备草料，旁边书写 "太原新店"。

酒馆主要是根据佛经 "入诸酒肆，能立其志"所绘，表现维摩诘

图80 莫高窟第61窟　旅店　宋代

图 81 莫高窟第148窟　西壁　盛唐

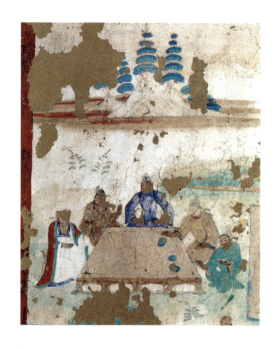

居士在酒店中劝说众生、宣传佛法，使酒徒醒悟、立志重新做人的画面。莫高窟第 146 窟壁画中为宅子酒肆，一般设在一间庑殿顶、带鸱吻的大宅之内，内壁装饰花鸟屏风图案画。这种属于比较高档的酒店，客人多是仕宦之辈，宅外有舞伎表演，宅内围坐的酒客群中还有乐队演奏。宅内众人开怀畅饮，后排中立者为维摩诘居士，他右侧的两人已现醉态，敞开衣襟，双手上扬。宅外两人，一人是正在表演节目的舞伎，另一人为梳双丫髻的侍女，正端盘而上（图 81）。

3. 赌场妓院

赌场画面主要表现维摩诘居士出入赌场，利用接触的机会，宣传

图83　莫高窟第9窟
　　　　　　晚唐　妓院

佛法，化度赌徒。图82中赌徒们头戴幞头、身着袍服，在一张短桌上掷骰子，桌面上已掷下三粒，还有一粒在右侧第一人的左手上，正要掷出，大家神情紧张地注视着。左侧第一人为维摩诘居士，左手上扬似在向赌徒们说法。

　　妓院的出现正是为了表现维摩诘居士的般若正智和无限灵活的善权方便，可以自由出入这类场所教化众人。维摩诘身处三界而不染凡尘，有妻子眷属而彼此隔离，一心坚持修行。图83中以俯视的角度绘出一座妓院，院落错别有致，户牖交疏，棂轩栉比，回廊曲径，丛丛修竹。维摩诘居士站于院内，有三四名盛服靓妆的女子立于庭院当中。后门立一侍女，两名衣冠楚楚的士人正从后门进入，另一厢房回廊，两名

图 84 莫高窟第 296 窟　屠宰坊　北周

士人围坐桌前，两名女子一旁侍奉。此情此景正是靓妆迎门、争妍卖笑的青楼风貌。

4. 屠户肉坊

屠宰坊是以宰杀牲畜为业的店铺。佛经说善事太子曾骑马出行，目睹了屠户宰牛等一系列杀生害命之事。图 84 中屋外持刀站立的人就是屠户，上身赤裸，正身仅着犊鼻短裤，屋内刚宰杀了一头牛，身首异处，血流遍地，一旁正用平底铛烧水。善事太子和随从正骑马路过此处，目睹了屠户杀生的可怕场面。

佛经称"衢路市肆，诸卖肉人，或将犬马人牛等肉，为求利故，

图85

而贩鬻之", 经文的本意是劝说佛教徒不要吃肉, 但画工根据经文绘
出了一幅肉坊的画面。图85中肉坊是一座开敞的三开间小屋, 屋中悬
挂着一排宰杀分解好的肉。屋前有两张桌子, 一张桌子旁一位屠夫正
在操刀解肉, 另一桌子上是一只已宰杀好的羊, 桌下有一只狗盘坐在
跟前。

5. 学堂

　　敦煌自古以来就重视儿童教育，从北朝五凉时期就设有学校。隋唐两代，朝廷推行科举制，不拘一格降人才，使读书入士成为社会风尚。唐宋时期，敦煌设州学、县学及医学，这是官办学堂；寺院还设寺学及专门从事研究佛法义理的义学，儿童从小便可以入学就读。敦煌壁画中的学堂表现维摩诘居士进入学堂教化师生的场面。

图86　莫高窟第12窟　学堂　晚唐

图87

　　莫高窟第 12 窟壁画中学堂自成一座院落，一间单檐庑殿建筑是
正房，供老师使用。房前坐着的是老师，侧坐者是维摩诘居士，一仆
人正恭敬地上茶侍候。两侧厢房里学郎正在读书（图86）。莫高窟第
468 窟中老师博士端坐屋内，院里助教正对一位学郎进行体罚：助教右
手执鞭，强令学郎光脚，卷起袖子、裤腿，狠狠地抽打他，学郎痛的
侧过身来向着助教，脸上显得既痛苦又无奈，厢房中的学郎们愤愤不
平注视着眼前发生的一切（图87）。

图88 榆林窟第454窟
烽燧 宋

6. 烽燧、桥梁、栈道

敦煌地接西域，自汉代建郡以来，就是边塞要地。境内有汉代的玉门关及其附近的汉长城，一直绵延进入新疆境内。汉长城有不少烽燧，是古人为了确保丝路的畅通和地方的安宁所设的军事设施。宋代壁画中的烽燧形象，形式相似，都是一座四方的夯土高台，从下到上逐渐收分而上，台上有一人正朝下了望，与当地古代修筑的烽燧相同（图88）。在敦煌境内，至今还留有汉代的边城和烽墩，一直延伸到新疆境内。平坦的戈壁上，烽墩高约四五米，用土坯或夯土筑成，中间夹砌芦苇

图 89

或柴草，可以使烽墩修筑的很高，同时也增加烽墩强度。

　　桥梁也是古代重要的交通设施，修建桥梁除了是有益众生的功德外，在莫高窟第 61 窟的五台山图中绘制了十二座架设在城池外、河流小溪上的桥梁，如榜书题写的"五台县西南大桥"等（图 89）。

　　栈道是修建在山崖边的一种交通通道，成语"明修栈道，暗度陈仓"里的栈道，说明其产生的年代与使用的频率。敦煌石窟开凿的山崖，就必须修建栈道，才可以供人们参拜礼佛，因而壁画里也少不了栈道的形象。山崖边的栈道，由山崖下打孔，插入横木固定，是为栈道梁，

图90 │ 莫高窟第 14 窟
栈道 晚唐

在栈道梁上铺板，供人行走，为了安全，在栈道梁端头按立柱栏杆。莫高窟晚唐第 14 窟就是这样的形式（图 90）。在莫高窟北区还保留一个栈道梁。

7. 监狱

佛经称"设复有人，若有罪若无罪，杻械枷锁检系其身，称观世音菩萨名者，皆系断坏，即得解脱。"也就是说，当犯法受刑时，一心念颂观世音菩萨的名号，身上的枷锁就会不解自坏，从此免于牢狱之

图91

灾。敦煌壁画在表现观音救苦救难时，就根据经文绘制了这样一幅监狱囚人、枷锁自落的画面。图91中有一座监狱，两层围墙，外方内圆；墙头设有鹿砦，相当于现在监狱围墙上的铁丝网，防止犯人越墙逃跑；狱室半置于地下，牢门敞开，一犯人愁眉苦脸坐于狱中。监狱之外，一人双手合十称念观音名号，这时手铐、脚镣、木枷都自然脱落于地上，而守监人也离开了监狱，囚犯终于重获自由，安然地离开监狱。这就是"牢门自开、监禁不守"的情景，虽是画家根据经文内容想像出来的，但形象地反映了盛唐时期监狱的真实构成情况。

图92 莫高窟第 290 窟
隋代 北周

8. 厕所

佛教故事中为了表现释迦太子降生时的三十二祥瑞之一的"臭处变香"，还绘出了如厕的画面。厕所的建造简单，与现在一般使用的土厕相似，采用蹲坑的如厕形式，在图92中看到的是曲尺形的面层上有两个方洞形的蹲坑，在其中一个蹲坑上有一人正脱裤解手，画面最为形象的是对粪便的表现。土厕、蹲坑的如厕方式在在我国很多地方还没有完全改变，在敦煌农村现在也还有这种形式，但壁画中表现的是一千多年前的厕所，看来这样的厕所形式在当时是相当先进的以至于保持了一千多年。

兴立浮图

异彩纷呈的塔

六

一、佛塔

在中国古代的各种建筑类型中，塔的起源较晚，早期文字中没有这个字，随着佛教传入中国后，根据梵文的音译才造了"塔"字。塔的最初形式是埋葬佛骨（舍利）的坟冢，源自古印度的窣堵坡[①]。印度的窣堵坡是礼佛的重要象征，常被建造在寺院中间，受到佛教徒的礼拜。佛教传入中国后，按佛经说建塔可以得大福报，因此从印度经中亚到我国新疆，这些在古代被泛称为西域的地方都曾建有很多窣堵坡。

南北朝时期佛教兴盛，修庙建塔成为建筑活动的一个潮流。敦煌壁画中的塔，形式多样种类繁多，建塔的材料也是多种多样的，但主要以砖石和木材为主，砖石塔以覆钵形的窣堵坡为主。木材建造的塔以汉地传统的殿屋或重楼建筑为主，在这些殿屋或重楼顶上加上塔的重要标志——塔刹，就满足了佛教的需要。还有以砖石和木材结合建成的塔，这类塔融合中西，造型更加灵活。

[①]一种半球形又称覆钵形的坟冢建筑。

图 86 莫高窟第 12 窟　帝释　晚唐

砖石塔从一开始出现就不只是简单的模仿，有些塔接近印度窣堵坡的原形，但很多塔都力图突破窣堵坡的形制，融入汉地本土的民族特征，如莫高窟北周第 301 窟一座窣堵坡，较多地保持了传播路途中的中亚形式。钟形的塔身，下有两重台基，正面有阶道，塔身正面开火焰形龛，平头上是扁平的覆钵，上置七重相轮及火焰宝珠。塔刹比例高大，此类塔形，多见于中亚各地（图 93）。

隋代也有同样的窣堵坡，同时还有变形的窣堵坡。变形的是塔刹，高耸的刹杆上没有相轮，刹顶的火焰宝珠下是一十字相交的华表木，华表下起四链系于塔刹平头四角，链和华表上悬挂铎铃。唐代以后，窣堵坡的形式更是变化万千，塔身的覆钵形式有方有圆，而方形窣堵坡本身就是一种改变。圆形覆钵更有圆肚形、喇叭口形等等。

木材建造的单层塔以盛唐的多宝塔和舍利塔为代表，塔下部是一座三开间的小殿屋，四角攒尖的屋顶上建塔刹的平头，上起相轮、宝盖、火珠等，宝盖下垂四链，悬挂铎铃。莫高窟第 23 窟壁画中一单层木塔，须弥座的台基上有两重栏杆，形成稳定华丽的塔座，平坐上建三开间小殿，当心间敞开，两次间有直棂窗。四角攒尖的塔顶上有高大的塔刹，宝盖下用四链系于四角，链上悬金铃（图 94）。从盛唐起这种木塔在

图94 莫高窟第23窟 单层多宝塔 盛唐　　　　图95 榆林窟第33窟 七重塔 五代

壁画上所见甚多。陕西省扶风县法门寺地宫出土的青铜塔造型，与此塔非常相似，说明此式塔形曾广泛流行。

　　由于当时的建塔风气，还影响到其它建筑上，如莫高窟第217窟的钟台和第123窟的二层阁顶上就装饰成塔刹形式，因唐代塔刹造型华丽，有很强的装饰效果，以后各朝代也将塔刹频频修建在其他建筑类型上。木材建造的重楼形塔自初唐出现，一直延续到宋代，莫高窟五代第61窟五台山图中就有多种形式的重楼形塔。敦煌石窟中最高的重楼塔应该是榆林窟第33窟宋代的七重宝塔（图95）。"七"在佛教里是一个吉祥数字，故有"佛行七步""七步生莲""救人一命，胜造七级浮屠"之说。七重塔是表示古印度摩竭陀国佛陀代耶山杖林中的大塔，但在壁画中绘制的却是中国传统的重楼式的七重宝塔，造型特殊。宝塔从一至六层都是三开间方形木结构殿堂形式，面宽层层递减，愈上愈小，第七层则是一座砖石形式的窣堵坡形式。

中唐敦煌受吐蕃影响，单层木塔出现模仿砖石塔的覆钵形式，并影响以后各代，最具代表性的是莫高窟中唐第 361 窟佛寺中间的二层重楼大殿，殿身两层柱子都在上部弯曲呈覆钵状的一座殿塔形式。五代、宋时期有很多这类型的塔，其中莫高窟五代第 454 窟西坡的塔就是中唐覆钵形木塔的延续，同时也是莫高窟壁画中最大的塔（图 96）。多宝塔为三开间单层木构塔，塔内有释迦与多宝佛并坐，塔形与唐代所见单层塔相似，唯檐柱在由额以上向内弯曲到阑额处。柱头承接阑额，之上再是斗栱。檐端飞头上画帐形仰阳版式的镶板木格作为塔檐。顶上有重层须弥座，上接七重相轮、伞盖、仰月、宝珠组成塔刹，伞盖下有四链悬金铎系于四角。塔身的木构件上全部经过彩画。檐顶的仰阳版用沥粉堆金的纹饰，形成繁复的装饰风格，有吐蕃建筑遗风。

由砖石与木材结合建造的塔，最早有莫高窟北魏第 254 窟三重楼

图96 莫高窟第454窟
多宝大木塔 宋代

塔，以后有西魏的"金刚宝座"塔，直到五代榆林窟第36窟天王手中的塔，它们都融合了中西建筑形式，极大的丰富了敦煌壁画中塔的形象。画在毗沙门天王手中的塔，在美丽的莲花中间有一小覆钵，圆形攒尖的大屋顶好象一顶大草帽盖在覆钵上，屋顶中间是相轮塔刹，顶端有伞盖与宝珠，两边悬挂链与铎。整体造型好似一个精巧的工艺品（图97）。

二、塔刹

壁画中出现塔的形象自北魏开始，以后从没间断。但早期从北魏

图97

到北周的塔刹上大都留有西域的佛塔塔刹印记，主要有塔刹上悬幡，刹顶为三宝珠形式。这些形式在佛教传播途中经过的巴基斯坦有"三宝礼拜"造像石，在古道"罽宾道"上有公元5、6世纪摩崖刻画的悬幡塔的形象，直到新疆克孜尔石窟壁画中的三宝与悬幡塔刹形象，再到敦煌壁画中早期塔刹，不难看出这种形式的传播路途。

这种塔刹的特殊意义主要有：一是塔刹上悬幡。莫高窟第257窟的两塔均悬挂一对长幡，但在西域的覆钵塔身上都添加了中原建筑大屋顶的元素。悬幡是为了祈福。敦煌文献记载过一人在塔上悬长幡而得大福报的故事，说明塔上悬幡最早源于印度、犍陀罗地方，新疆也

图 98　莫高窟第 257 窟　悬挂大幡的塔　北魏

沿袭了此种习俗。莫高窟早期北魏到北周一百多年间的壁画上也在窣堵坡上悬挂长幡。《魏书·释老志》记："敦煌地接西域，道俗交得，其旧式村坞相属，多有塔寺。"可能那时敦煌地域的塔上就有悬幡的习俗，所以才在壁画中得以表现。在莫高窟第 257 窟"沙弥守戒"故事里的舍利塔，形式是在汉式小殿屋顶上伸出一座窣堵坡。塔为砖石结构，下有须弥座塔基，中间是一间小殿屋式的塔身，屋面有瓦垄，檐口平直，至翼角处卷起如弯勾，正脊两端是弯勾状的鸱尾。塔刹顶左右悬挂大幡，长可及地，据佛经上说悬幡可以得大福报（图 98）。

二是关于刹顶的处理。北魏时期的莫高窟第 254、257 窟的塔刹上均有三宝珠形式。其中第 254 窟南壁萨埵饲虎本生故事中的三层重楼式塔，是萨埵王子的舍利塔。塔基为三层台阶形，塔身平面呈四方形，立面层层收小，四面开门。三重塔的刹顶用三个菱形表示成三叉形状，每一个向上的菱形尖上有一个宝珠，形成三叉上附三宝珠的形式（图 99）。第 257 窟的两座塔上，由于壁画变色和剥蚀严重，塔刹细部已难于辨别清楚，但刹顶仍可看出是由三宝珠组成。塔刹顶部的三宝珠，表示佛教的"佛、法、僧"三宝，是北魏壁画中佛塔的特征。

佛经说"旋塔三匝者，表敬三尊，一佛、二法、三僧"，是为三宝。

图99 莫高窟第254窟 三宝珠供养的三重塔 北魏

塔上的三环、三珠或三轮，都是用形象表示三宝的意义。礼敬三宝，就要右绕佛塔，这种宗教仪轨起源很早，在现在的考古资料中可见印度巴尔胡特塔和山奇大塔上的礼拜浮雕图象有塔、菩提树、佛座、法轮、佛足迹和三宝标。随着佛教的发展和传播，在塔刹上置三宝，与塔共同组成礼拜对象，使塔成为寺院中的主体建筑。这是早期寺院的特征之一。

莫高窟到隋、唐、

五代壁画中的塔上没有了"三宝"，也不再悬幡，而在画中的佛寺里另立幡杆，如初唐第331窟南壁的露台小桥边立有幡杆，顶端长幡飞舞（图100）。唐代诗人白敏中记明福寺里"植修茎以飞幡"，唐太宗《咏兴国寺佛前幡》写"……屈伸烟雾里，低举白云中，……念兹轻薄质，无翅强摇空。"寺院前的两座露台之间用小桥相连，桥两端竖立三根

图100

龙头幡杆，下部有幡杆夹。幡原悬挂在塔刹上，隋唐以后改为寺院的一种设施，悬挂在杆顶的幡随风飘舞，为幽静的寺院增加了生动的气氛。

华表的起源很早，传说远古时期的尧和舜在路口或大道旁树立木柱，让百姓把治国的意见写在柱子上，因此又称为"桓表""谤木"。到汉代时，华表已失去原有的意义，成为一种标志。华表最后发展成为纯粹的装饰品，如天安门前的一对华表。塔是随着佛教的传入而产生的一种新的建筑形式，在传入过程中，有完全西域形式的塔，有在中国的高楼顶上装饰佛教标志的塔刹，成为高楼式的佛塔，更有在传统的殿阙建筑中起方形塔柱"恒出屋外"，成为殿阙式塔。发展到隋代，壁画中塔上悬挂的大幡没有了，却将在汉代已转变了性质和意义的华表装饰在西域的窣堵坡塔刹顶上，且在十字交木端头上悬金铎，将外来的建筑形式上加上传统的建筑符号。

莫高窟第302窟密檐塔有较大的方形塔身，所见的两面均有圆券门，上有宽大的一层出檐，之上有三层密檐层层相接。塔刹上有相轮三重，相轮之上是十字形的华表木，十字端头悬挂铎铃，以宝珠作结（图101）。莫高窟第419窟有两座塔的塔刹是在覆钵上立刹杆，没有相轮。刹顶有火焰宝珠，刹杆上有四链系于四角，链上分段悬挂铎铃。刹顶的火

图 101　莫高窟第 302 窟　坚华表的密檐塔　隋代

焰宝珠下，是一个十字刹表，悬挂四铎（图102）。

隋代敦煌壁画中的这类塔刹形象，只有一根独立的刹杆，其上没有相轮，刹杆顶端是十字相交的华表木，华表木下有四链挂铎系于四角，整个刹杆唯有顶上的火焰宝珠仍是佛教的标志。隋以后这种形式再没有出现，而刹顶上系于四角的四链挂铎形式，则是唐代以后常见的表现方式。隋代不仅将塔刹上装饰华表木，在莫高窟第433窟的药师经变画中，于佛两侧供有九层的灯轮，灯轮中间竖立高高

图102　莫高窟第419窟　竖华表的穿插塔　隋代

图 103　敦煌莫高窟 423 窟　隋宫商 何弥净尘　说法

的木柱，柱子上部也用十字交叉的华表木，使整座灯轮形状犹如覆钵塔的形式，中间高耸的木柱和十字华表木与第 419 窟覆钵塔上的塔刹相似（图 103）。

三、金刚宝座塔

　　莫高窟早期壁画中最大的佛塔是北周第428窟的一座大塔（图104），为五塔组合形式，建筑史学家们均称此塔为金刚宝座塔。据近年有学者考证，此塔应该称为"五分法身塔"，按照佛教的解释，所谓"五分法身"就是戒、定、慧、解脱及解脱见知等五身，五塔既是五身的象征。该塔的建塔材料应该是砖木结合修建的，这里虽然是壁画，但描绘得很具体。正中一座四层大塔，置于重层方台基上，第二层台基用小方块色彩表示为砖砌，这两层就是塔基。其上塔身分为四重，塔身下两重较低，第一重正中设圆券门，第二重上下均有突出塔体的平板式檐板，两檐之间有四个金刚力士，实际上这两重也可以是属于塔的基座，这样塔基就成为了四层。第三、四重才应是塔身。第三重在砖石塔身前，有三间四柱承托的木檐，四柱上有斗栱，下部有栏杆围绕。塔身正中有大于当心间的圆券门，门内绘摩耶夫人诞生释迦的场面。第四重的塔身形式与第三层相似，只是柱子斗栱之上有平板式的出檐，出檐之上是纵向类似三角桁架的人字栱结构，再上有直坡形的屋顶，屋面有瓦垄。在四柱之间有一佛二胁侍菩萨的布局，表示释迦的禅定形象。

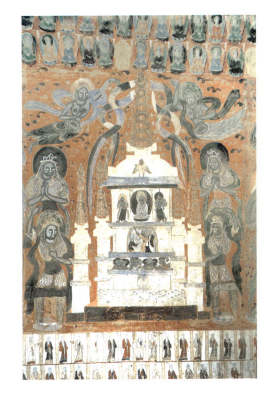

图 104

塔刹在塔身第四重的木檐正中有一金翅鸟，两侧为受花，上有较偏平且饰以莲瓣的覆钵。覆钵上有高耸巨大的塔刹，上有七重相轮，顶端是仰月宝珠。仰月两侧分悬四幅巨大的长幡。以上是大塔组成的各部分。四小塔分置在大塔四角，是四个形状相同的三层重楼式小塔，方形基座上三层较瘦狭的砖石塔身，塔身两侧有檐柱两根，上有斗栱。一、二层上均有挑出的平板式塔檐。二、三层柱下部有栏杆，中间有壁带。塔顶上作受花覆钵，上有八、九重不等的相轮塔刹，刹端有双重仰月，仰月间作三宝珠以示礼敬三宝。整组塔两侧有四大天王守护，天空中

图 105

2-2

有飞天翱翔，祥云缭绕，天花乱坠，充分表现出庄重的宗教气氛。

这种由五塔组成的塔形，早已被人们认同，通称为金刚宝座塔。据传古印度摩揭陀国佛陀迦耶菩提树下是释迦牟尼成道时的坐处，称为金刚座，喻其坚不可摧岿然不动之意，后人在其附近佛陀迦耶建大塔，由五塔组成。现新疆交河古城遗址内一座土塔亦是五塔布局。此外敦煌石窟在五代、西夏壁画亦有五塔的组合形式。中国现存五塔组合形式的塔，共有十多座，多为明清时受密宗影响所建，有北京西郊明代建的真觉寺塔，呼和浩特五塔召金刚宝座塔等。莫高窟第428窟壁画所画的五塔组合的金刚宝座塔，是早期的形象资料。

四、塔寺、塔庙与佛寺

早期壁画中的中心塔柱窟就是一种佛寺与塔结合的塔寺式的石窟形制。云岗石窟有很好的开凿条件，所以在石窟内开凿塔庙形石窟时，可将窟室中的塔雕刻得很精细，而敦煌石窟开凿的崖壁不可能将中心塔柱窟的中心柱雕刻成精细的塔，只能粗略的开凿成方形石柱。在地面建筑的佛寺中，很有可能受西域塔寺结合形式，修建有西域式的中心塔柱式的塔寺，如新疆交河古城的一些佛寺里保存下来的中间方柱，就是佛寺中的塔柱，上部伸出屋顶，作成覆钵形的塔顶和高大的塔刹，受其影响，早期莫高窟的中心柱窟就是西域塔寺式佛寺的内部形象，而对于"塔寺"的记载有《隋书》："敦煌地接西域，道俗交得，其旧式村坞相属，多有塔寺。"对于塔寺的认识，一般人都将其理解为佛寺与塔组成的院落，而通过石窟壁画看到了佛寺与塔结合而成的一个空间，正如石窟中的中心柱窟，这应当就是佛寺在传承过程中早期的一个形式，因而才能被记载在《隋书》里，重点提及的是敦煌。早期佛寺多为西域僧人使用，他们并不专守寺院，敦煌的中心柱窟，前有人字披下的空间，后有中心柱的回旋空间，既满足了"礼拜观佛"的绕塔仪式，也满足了讲堂的需要，空间分格简单明了。敦煌的塔寺，其建筑形式融合了汉地风格，成为殿阙式样外加高耸塔刹的殿阙形塔寺（图105）。"塔寺"的名称来自《隋书》，在历史长河的演变中，这个名称的本义被后来发展的佛寺里另外修塔的行为所替代。

　　除了西域式的塔寺，汉地也有在室内建塔的佛寺，才能在到石窟壁画中得以表现出形象。而佛寺的"寺"也被称为"庙"，所以，塔与佛寺的结合也被称为塔庙。如莫高窟第419窟窟顶的本生故事画中

图106　莫高窟第431窟　塔庙　初唐

就出现一座塔庙形的佛寺，与北魏的中心柱不一样的是：在木构佛殿中央修建一座完整的佛塔，就如印度和云岗石窟里雕凿的塔一样，但在壁画里这是敦煌石窟中唯一的塔庙形佛寺（图106）。这座塔庙形佛寺表现了塔在寺庙中的位置，形式基本保持了印度与中亚的塔庙形制。塔是建在一座三间的大殿内，大殿屋檐下的阑额上悬挂四条长幡，檐口边还悬挂着四个铃铎，明确表示为一座佛教寺院建筑。佛殿内有窣堵坡一座，钟形的覆钵塔身前有圆券形的门，门上有尖拱券门楣，塔身上部围绕一周莲瓣，塔顶置叠涩而出的平头，平头中间扁平的覆钵上有刹杆一根，没有相轮，只在顶端交叉有十字形的华表木，每一华表木顶端悬铎铃一个。塔的形式大部分保持了中亚形式，而塔刹顶端使用的华表木融入中国古老的传统形式。

与印度和中亚所不同的是，窣堵坡建在具有中国传统形式的殿堂建筑内，按印度石窟的形制，供礼拜用的建筑空间中有塔，称为支提，意译称塔堂或塔庙。中亚考古发掘的寺院遗址，也在室中建塔，直到现在，青海湟中县塔儿寺的大金瓦殿内，仍供奉的是一座大窣堵坡，据说是埋藏大师宗喀巴胞衣的舍利塔，可见这种宗教传统源远流长。虽然壁画中仅此一座佛寺与塔紧密结合的塔庙形式，但它却诠释了塔庙组合形式的中国化进程。在印度，塔象征着佛的涅槃，是佛教的圣物。传到中国后，塔往往建在山川形胜之地，和固有的风水观念相结合，虽然它是佛教建筑，但在人们的印象中，似乎具有更为广泛的意义。

佛寺是随着佛教的传播及统治者加入信奉的行例，在允许中国人出家后，很多达官显贵们相继"舍宅为寺"，形成的佛寺与宅院相同，为体现佛寺的特性，在宅院里增修钟楼与经楼，再在该楼上加修塔刹，

图 107

高耸的塔刹成为了佛寺的标志（图107）。

五、印度式塔

莫高窟第76窟是开凿于唐代的一座大型中心佛坛窟，后历经宋、元、清等朝代重修，现在保存在主室的壁画大多为宋代重绘。其中在东壁甬道两侧绘有八座塔，分别讲述的是佛陀释迦牟尼一生中发生重大事件的八处地方所建的宝塔，称为"八大宝塔"。现在八塔仅存半数，而保存的四座塔的形式完全相同：塔下有须弥座，座下有覆莲，束腰

图108　榆林窟第 76 窟
印度式砖石塔　宋代

部分的壶门里绘火焰宝珠。上下枋的表面均作方形纹饰。塔身正中有
三叶形龛，龛侧有束莲龛柱，柱上有栌斗。塔身两侧竖矩形的壁面上
绘一匹卧着的白象，身上是站立的大角山羊驮着一菩萨。所画的山羊
及白象形象生动，但其宗教的含义至今还不明白。塔身上有砖石叠砌
成三角锥体的相轮塔刹，比例很大，下层相轮大于塔身，塔顶有宝盖
及宝珠，宝盖两侧各悬一长幡。塔前的榜题上画一法轮，榜题两侧各
画一鹿，表示释迦牟尼在鹿野苑说法、初转法轮的情形（图108）。

　　这一比较特殊的塔形，在敦煌石窟中再没有第二例，但不知敦煌以外有无相类似的实例，它的形式似受印度教天祠建筑的影响。印度教又称婆罗门教，他们的庙宇在我国古代被称为天祠。玄奘在《大唐西域记》里有多处关于天祠的记载，如印度教圣城瓦拉纳西有"天祠百余所，外道万余人"等等。印度教的庙宇用石材建造，方形的建筑下有台基，上由方锥形的密檐式屋顶演化成塔形。根据印度教的这些特点，因此我们把这座塔称作印度式塔。

　　这里的印度式塔被用在佛教寓意中，其中最明显的佛教标志在塔刹顶上，密檐式的塔顶上出一大露盘，边沿有火焰宝珠，正中的三角锥体上以宝珠作结。在露盘边沿的火焰宝珠下飘舞着两条长幡。塔上悬幡的形式从北周经隋唐、五代到宋代四百多年的壁画中，塔上普遍不悬幡而只悬铎。

　　莫高窟第76窟特殊的塔形和又重新出现悬幡的形式，可能由于自中唐吐蕃统治敦煌以后，受吐蕃信仰密教的影响，敦煌壁画中密教内容增多。密教是印度佛教和婆罗门教以及印度教相结合的产物，中唐所处的8世纪正是印度佛教密宗兴起之时，因而到宋代重绘时，壁画中有很多密教内容，这座塔正是受密教影响，出现了印度式的塔。而塔上悬幡的形式如今在青海塔尔寺大金瓦殿供奉的喇嘛塔上仍然披挂了无数的幡。可见同是佛教信仰，但某些习俗也反映了一定时代、地域和民族的特征。

亭台水榭

极尽奢侈的寺院建筑

七

一、隋代及以前

隋代以前敦煌壁画绘画的主题是根据当时所宣扬的小乘佛教的内容为依据，多是佛传、本生及因缘故事等，建筑形象就穿插在故事中，所以建筑画数量不多，但种类不少，有殿堂、城垣、城门、阙、坞堡、望楼、门楼、佛塔、舍利塔等。可以算是寺院建筑形象的，就只能是北魏第 257 窟的殿阙式塔寺了，因为这座建筑里有阙形的殿堂和殿堂中间的塔柱，组成一组塔寺形式的寺院，现在新疆交河故城中有很多这类佛寺遗址。

隋代虽然立国时间不长，但隋文帝的崇佛佞佛使当时的"佛殿制度，一如太庙，为京城之最"。佛教寺院建筑活动的蓬勃发展，使寺院成为文化活动的载体，促使美术上人才辈出，隋代知名的画家中如展子虔、郑法士、董佰仁等都各有专长，尤善画"台阁"等建筑形象。画台阁、车马等形成绘画中的门类和专长。这时的佛寺布局主要有两种类型：一是一殿两楼的组合；二是品字形的殿堂组合。一殿两楼的组合是这时的主流形式，用以表现佛经中提到的弥勒菩萨居住的天宫佛寺。

弥勒菩萨居住的天宫佛寺形象由一殿两楼组合而成，象征弥勒菩萨未降生成佛之前居住的兜率天宫。天宫两侧用三至四重的层楼夹峙中间的殿堂，弥勒菩萨端坐于大殿中，两侧高楼内有很多天宫伎乐为弥勒奏乐供养。常说宗教的根源不在天上，是在人间，所谓兜率天宫，不过是人间宫殿或寺院建筑形象的折射，佛经称，弥勒菩萨居住的兜率天宫"四角有四宝柱，一一宝柱有千百楼阁，诸楼阁有千百天女色妙无比，手持乐器"，壁画上的描绘与佛经基本相符。莫高窟第 423 窟壁画中弥勒菩萨居住的大殿为五开间，两旁有双楼夹峙，一殿双楼的

图 109　莫高窟第 423 窟　大殿与三院双楼　隋代

图 110 ⋯⋯⋯⋯⋯⋯ ⋯⋯⋯⋯⋯⋯ ⋯⋯

格局来源于汉魏画像石中的殿、阙组合，使大殿的立面形象更加富于变化。建筑下部的砖砌台基分设左右二阶。殿身明间已显著加宽，额枋置于栌斗下，与柱子相接。殿堂屋面呈直坡，屋檐转角没有起翘，隋及隋以前壁画中的建筑大都如此（图109）。

隋代一殿两楼的建筑形式大致相同。一般都有砖砌台基，台基中部有东西二阶，殿身五开间，中间即当心间特别宽，次间及稍间都画得狭窄高耸，柱子细长，各柱之间不设墙体门窗，尽可能多的表现了殿内的菩萨。莫高窟第419窟壁如画中的弥勒天宫，中间的大殿明间特别大，因此明间额枋上有五组一斗三升斗栱和人字栱相间排列的补间铺作，较为特殊。佛殿两侧各起四层楼，而与大殿同高。大殿与楼的屋顶都是直坡，屋檐的翼角不起翘（图110）。另一种一殿两楼的组合，不是木结构建筑，而用砖石筑成。中间的殿堂由于壁画已很模糊，看不清楚殿堂由几间组成，但两侧可以看到有厚重的山墙，墙的中部有壁带，与北朝时期殿堂的结构相似，说明这时期的木构建筑还有部分仍然沿袭前朝用墙体承重的建造方式。

　　品字形的殿堂组合是隋代出现的一种新形式，这种形式影响了唐代的寺院建筑画。壁画中的一殿二堂建筑群，从内容上说，中间的殿表示弥勒菩萨的兜率天宫，两侧的堂，左侧堂内坐维摩诘居士，右侧内坐文殊菩萨。用同一画幅表示两种不同的经变内容，在莫高窟众多的经变中是唯一如此处理的。就建筑来说，它是座统一完整的建筑群体，正中是三间的殿，两侧的堂相对夹持，形成品字形的殿堂布局，殿和堂都是三开间，下有台基，殿有东西二阶，堂仅中部一阶，由此区分主次地位（图111）。

　　此外，隋代建筑中有大量的各式组合的民居建筑，在南北朝时就兴起的"舍宅为寺"的风尚下，有许多民宅转变了使用功能，成为"佛寺"，这时壁画中的佛寺建筑是源于生活，滞后于时代的反映。

图111　莫高窟433窟　一座殿堂帐幕　隋代

二、初唐

　　自初唐始，出现用整个山墙面表现一幅大型经变的画面，画幅增大，为更好地表现建筑画提供了先决条件。大幅经变画中根据佛经讲述的阿弥陀佛净土世界里"其讲堂精舍，宫殿楼观，皆七宝庄严，自然化成，内外左右有诸浴池……，八功德水湛然盈满……"。弥勒佛的未来世界里"其城七宝，上有楼阁，户牖轩窗，皆是众宝，真珠罗网，弥覆其上……"。根据佛经的描述，着重表现了池水和露台，并将露台栏杆细部和地面铺装描画得很细致。而对于建筑组群的描绘还处于探索和发展中，楼、阁、殿、堂等单体建筑或松散分布，或三个一组组成简单的品形平面或山形平面，继承了隋代寺院布局的基本形式。

为表现"八功德水湛然盈满",露台和水面成为经变画中的主体。楼阁在画面的上部中间和下部两旁,成为画面的背景,烘托中间露台之上的佛和菩萨、天人说法听法的场面。弥勒经变中表现的兜率天宫,也有建筑组群。是当时寺院主体建筑布局多样性的反映。初唐经变中的佛寺布局,是在隋代一殿二楼的基础上,逐步向大空间的寺院布局发展,其主体建筑群的组合方式有:

1. 直接继承隋代一殿二楼的组合形式,由一殿双阁并列组成,各建筑间没有联系。画中弥勒菩萨居住的兜率天宫,中间是三开间殿堂,两侧各立一座二层阁,上层有伎乐演奏。这种组合直接继承隋代一殿二楼的天宫形式,殿堂与高阁相组合,形成有变化的建筑组群,可能是当时宫庭、寺观中建筑的基本组合形式(图112)。

2. 由并列的一殿两堂或一大两小的三阁,用廊道或飞虹相连,变化成山字形的组合平面。中间殿或阁体量较大,位置向前突出,两侧的堂或阁分列两边。早期的弥勒经变。轴线正中没有主体建筑,仅有几座大露台,上部表示天空的地方,有一组建筑群,是弥勒居住的兜率天宫,由一殿二楼组成,殿楼之间有廊相连。下部两侧有二层楼与平阁,整个建筑群比隋代建筑群增加了新的建筑内容与形式(图113)。

图112　莫高窟第217窟　弥勒经变（局部）　盛唐

图113　莫高窟第148窟　弥勒经变　盛唐

3. 由各自独立的三阁组成品字型布局。形成一堂两厢之势。三阁之间，成为一处三合的庭院空间。这种轴线对称一堂两厢的布局，广泛运用在宫廷、寺观和民居建筑的平面布局中，是一种普遍运用的模式。莫高同窟第 331 窟壁画中是一组三阁组合呈一殿两厢的品字形布局，阁下有砖砌素平台基，四周有散水。台基与平坐均有栏杆，门上有五行门钉。檐柱上挂帘箔，柱上的斗栱为一斗三升及人字栱结构，以后人字栱逐渐演化成驼峰形式（图 114）。

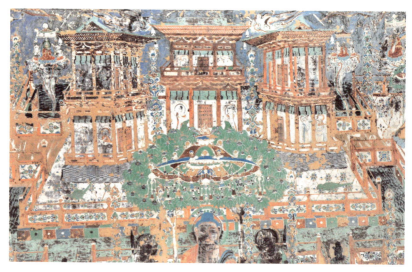

图 114　莫高窟第 331 窟　三阁组合寺院　初唐

4.由一殿双阁组成凹字形的平面布局。它是在品字形的基础上，使各自独立的单体建筑——一殿二楼或一殿双阁用廊道相连，形成三面围合的庭院空间。莫高窟第 338 窟壁画中的兜率天宫，就是一殿二堂的组合，殿和堂之间用廊道相连，组成凹形平面。殿堂之前形成一片院落空间（图 115）。

除以上几种位于轴线上方的主体建筑外，在大幅经变的下方两侧，还有独立的楼或阁。大画幅的初唐经变中，建筑还没有连接成整体，

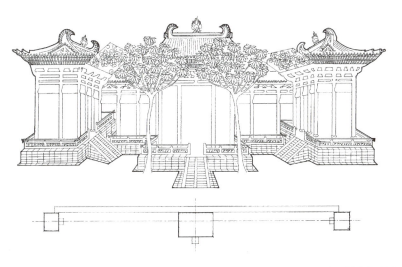

图 115

主要以露台为主，意在表现佛、菩萨、天人活动的场面，建筑只作为背景，由于画幅大，经隋代"善画台阁"画家们的发展，到这时对于建筑与露台之间纵深感的处理已达到"若可嗦蹑足"的境界，不失为初唐优秀的建筑画典范。

初唐寺院建筑前以表现大面积的水池、露台、栏杆为主，而且这时的露台台基和栏杆及露台的地面铺装形式华丽。由于表现的面积大，绘制的也就精美细致，从中可以详尽了解初唐露台各部分的装饰和布置。

露台的台基和栏杆及花砖铺地，是一个有机的整体。在初唐的净土变中，"七宝池""八功德水"是经变的主要场景，宝池的台基出于"八功德水"之中，台基表面和侧面都用砖包砌或镶砌，有的很华丽，台基边沿分作整齐的方格，方格中画团花或宝相花图案作装饰，也有的建于地面上的台基只用素方砖包砌，不同做法正是当时多样化的建筑技法在壁画中的反映。画中露台台基中间，在菩萨、天人的空隙处，满画方砖墁地，方砖上或有花纹或只有素色色块，考古发掘证明唐代宫殿多铺设方砖地面，长安名寺青龙寺的考古发掘中亦有方形花砖出土，莫高窟从隋代开始在石窟地面铺设墁地花砖，花纹多为宝相花，莲花等浮雕花纹，花砖或方砖的地面处理，一直延续到近代（图116）。

七

　　露台台基的边沿普遍安装木栏杆，栏杆的各构件名称为：帖地的
一根横木称"地栿"，中间的横向方木叫"盆唇"，盆唇与地栿之间可
以安装直棂、卧棂、勾片或华板，初唐多画华板，既是两根横向木枋
之间用一整块薄木板，在板上彩画花纹，称"华板"。上部一根横木是
扶手，古代称"寻杖"。栏杆内每隔一段有一立柱至寻杖下，称为斗子

图116

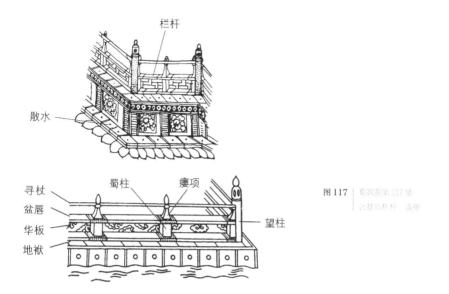

图117 莫高窟第217窟
台基的栏杆 散水

蜀柱，有的蜀柱在寻杖上再作一朵小莲蕾，在每一转角处有高出寻杖的立柱叫"望柱"，望柱柱头通常雕作宝珠或莲花形。栏杆中所有的横木通称为"栏"，竖立的构件通称为"杆"，构成为"栏杆"。有的还在每个横竖相交的节点处，用另一色彩围绕节点画出一矩形，矩形边沿有排列密集整齐的黑色圆点，可能是用金属包镶以加强节点。莫高窟第220窟壁画中的栏杆上即有金属包镶的节点（图117）。

莫高窟第321窟龛顶南侧，画一列天宫栏杆。这些云层上的天宫平台边，装有华丽的重层华板栏杆，在两层华板的下层栏杆蜀柱与盆唇节点处，有展翅欲飞的小白鸽，白鸽口含缨络，连接成圆弧线。上层栏板的褐色底层上画白色龙凤纹，画家信手画来，如行云流水般的自然流畅。栏杆上方的六身凭栏菩萨，姿态各异，背景是湛蓝的天空，营造出一派祥和的气氛（图118）。将宗教艺术付与人情味，正是宗教艺术的成就。

台基是传统建筑的基础部分，壁画中的露台台基都以实砌体表现，上面用不同色彩的方块或在方块中绘以团花图案作装饰，它和栏

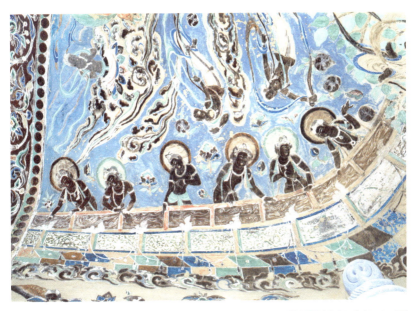

图118

图 119　莫高窟第 321 窟　栏杆与花砖地面　初唐

杆相结合，产生的虚实对比，丰富了露台的外观和立面造型，是露台
建筑的重要组成部分。露台台基、栏杆和铺地花砖在画面上大量的运
用，将画面分成若干部分，形成分界，各部分之间用小桥相连，桥栏
杆亦用相同的形式，成为格调一致，华丽和谐的装饰风格。日本高僧
圆仁在唐开成至会昌年间巡礼五台山过醴泉寺时记"户柱阶砌，皆用
碧石构作"。圆仁经五台山又到长安，对当时佛教院宇中的装修陈设多

所赞誉，说明当时寺院建筑、装修及陈设是相当考究豪华的。通过圆仁的记述说明壁画中的各种装饰与图案均来自于现实生活。壁画里只是将人间一切美好的事物都融汇进去，以附会佛经的内容。莫高窟第321窟壁画中华板栏杆围绕的露台上用带花纹的方砖铺装，方砖的四角上有简单的花瓣，在拼合之后，四个砖的角花，形成一个完整的花朵，莫高窟保存有这种唐代花砖（图119）。

三、盛唐

盛唐文化的成就，使敦煌石窟达到艺术的巅峰，成为光照千秋的文化瑰宝。盛唐经变画的绘制方式仍继承初唐形式，用整个山墙壁面画一铺经变。其中在观无量寿经变、阿弥陀经变、药师经变中，以表现大型寺院建筑群为主。在弥勒经变中以表现天宫建筑的院落为主。因为画幅较大，又呈横向矩形，使画面上的净土世界，场面疏朗，视野开阔。在建筑画方面，更加强了对寺院建筑群的描写，布局的恢宏和建筑物的壮丽，都达到空前的水平。

由初唐向盛唐过渡时的寺院布局是用楼、阁、回廊组成凹形布局。

盛唐初期的佛寺还没有完全摆脱初唐的形式。楼与阁仍分别运用，凹形布局成为寺院的主流模式。在总体布局中的单体建筑用回廊串联。莫高窟第 225 窟壁画中佛及菩萨之后的背景是一殿双楼，殿与楼之间有 S 形的曲廊相联，构成了凹字形寺院的主体建筑群，这是壁画中寺院的基本格局。殿楼之前有矩形的莲池，象征西方净土的"七宝池""八功德水"（图 120）。

随着时代的发展，建筑形式与组合方式都开始变化，这时用楼、阁、

图120　敦煌莫高窟第 225 窟　一殿双楼式寺院　盛唐

图 121

台混合组成的凹形布局，最典型的是莫高窟第 217 窟北壁的观无量寿

经变（图 121）。正中是佛及菩萨、天人所在的莲池与露台，中轴线上

有前后佛殿，前殿两侧有楼、阁、台、碑阁各一座。后佛殿下有平坐，

佛殿两侧有回廊周绕，呈环抱之势，使寺院后部突出，成为凸字形布局，

壁画中所见较多。日本奈良法隆寺曾把回廊改为凸字形平面，使回廊

图122 莫高窟第172窟 净土寺院建筑群 盛唐

图123 莫高窟第148窟 净土寺院 盛唐

产生曲折变化，增加寺院平面的深度。

发展到盛唐中后期时，净土变中的建筑画，表现了当时寺院建筑辉煌壮丽的形象，它向人们展示出的是寺院中最为宏丽的院内景象。莫高窟第172窟南北壁都是观无量寿经变，表现了严格对称的大寺院内部景象，以较高的视线，俯视寺内景象，更显院落内外空间的变化，院内的建筑群天际轮廓呈现出秀丽的曲线。院外视线所及，但见原野茫茫，烟波浩淼，把寺院的环境描写得开扩而深远（图122）。

盛唐壁画弥勒经变中的天宫寺院有多种表现形式，发展过程由简到繁。莫高窟第148窟在南北两壁上部都绘有大型而完整的天宫寺院，

是天宫建筑的精品之作（图123）。这两座天宫寺院图，平面布局合理，院落大小兼有，院中有院，可以把日常礼佛的繁杂活动与少受干扰的念诵禅修区别开来，是一个合理的寺院规划图。大院的空间各立面都有不同的造型处理，楼阁耸峙，回廊曲折，楼阁与回廊的柱间各处都悬挂着帘幕，表现寺院中的生活情趣与宁静的佛寺气氛，寺院内外，绿树成荫，道树成行。古时的佛寺是很注重环境绿化的。壁画中所画，也是现实中寺院的写照。

四、中、晚唐

敦煌壁画中的建筑画，经过初盛唐的发展，在建筑整体规模上达到了一个光辉的顶点。在佛寺的群体布局方面，始终保持严格的轴线对称均齐和封闭式廊院的平面形式。中、晚唐时期的佛寺建筑群布局，在此基础上主要以三种形式表现：

1. 仍然沿用初盛唐以佛殿为中心的一进或两进院落。壁画的两重寺院用回廊分隔成前后院，回廊既是空间的转换，又是庭院内的交通要道。通过通透的空间感，仿佛可以深入其境，使人产生一种"曲径

图 124　○○○○○○○○
○○○○○○○○

通幽处，禅房花木深"的情趣。中晚唐时一壁多幅经变画的布局形式，促使画幅改为竖向构图，使院落内部显得较为狭窄，有了纵深感。莫高窟第 159 窟狭长纵深的凹形院落空间中有前后两院，后院的回廊继续向两侧延伸，明确表示出中院之外的两侧还有院落，是一座规模很大的寺院。根据唐代史料记载，唐代长安慈恩寺（现西安大雁塔）中有十几院。壁画上表示的多重院落，是建筑画对现实的忠实反映，并把它高度概括，延伸出画面之外，任凭观览者的遐想。第 159 窟壁画中寺院的前部是凹形的平面，一殿二阁及两座圆形角楼，后院回廊一周，中有佛阁，后廊向左右延伸出去，表明两侧还有院落，这是一座多进多院布局的寺院。正中佛阁阑额下悬挂帐帷，建筑界画工整细致，构图严谨，对人物的线描、设色尽皆淡雅精湛，是吐蕃时期的代表之作（图124）。

2. 表现了完整的佛寺建筑群。初、盛唐时期经变画中的寺院，由佛殿和配殿呈品字形布局，发展到凹形的平面构图。到中、晚唐时，经

图125　莫高窟第 361 窟　寺院中的三门与钟楼　中唐

变画中寺院平面突破了凹形的构图方式，开创了表现一座完整廊院的构图。莫高窟第 361 窟壁画中在狭窄的空间内，上部沿用凹形平面的三合院，下部布置一列横廊，组成封闭的四合廊院，横廊上建三间门楼为寺院中门，廊上左右再置钟楼、经藏及其他楼房等，好比用大广角镜头，将整座寺院摄入画面，表现了一座完整的寺院（图 125）。以后各朝代一直沿用这一布局方式。

3. 横向的三院组合天宫寺院布局。自盛唐出现横向的三院组合天宫大型寺院后，到中晚唐表现的天宫建筑中很多都以横向构图的方式表现。这种三院组合天宫图，中间是核心部分，三面开门，院内有佛殿、廊院、角楼、虹桥等等。中院两侧的偏院，除前面有门屋外，向着中院的一侧也有一门屋。方形的庭院中，设置不尽相同，但两边都是对称布置，在用栏杆围绕的庭院中建一座八边形小殿，或廊院之中建一座面向中院的二层楼。莫高窟第 231 窟壁画中的弥勒天宫，是三院组合的布局，中院是三院中的主体，方形的廊院，庭院后部有二层楼的佛殿，后部回廊转角处有角楼，角楼与佛殿有虹桥相通。左右两院平面方形而稍小，四周有栏杆环绕，中有八边形的小堂，庭内一周多种花木。三院之外都有水渠围绕，水中生长莲荷，用以象征净土园林（图 126）。

图126 莫高窟第231窟　　弥勒经变局部　中唐

横向的三院组合很适合壁画上部的构图方式，它既来源于现实社会中宫庭寺观空间构图的固有形式，也可能是弥勒经中对翅头末城的描述，即"东西十二由旬，南北七由旬①"构成，呈横向的矩形图，因此横向三院组合的寺院满足了经典的要求，是古代画师们艺术构思和宗教上理想空间模式巧妙结合的成果。

五、五代、宋初

唐代以后的五代、宋都属曹氏统治敦煌时期，开凿了许多规模巨大的洞窟，还广建木构窟檐和栈道，在崖面普遍绘制露天壁画，重修

①由旬是佛教社会的度量概念。

北大像窟檐，创造了莫高窟空前的繁荣。在兴建的大型石窟内，于南北两壁各画四至五铺大经变。这时所反映的大型寺院形象，仍然继承了唐代传统，在轴线对称的画面上，布置了三门、殿堂、配殿、回廊、角楼等种类繁多的单体建筑，形成气势恢宏、波澜壮阔的建筑群体。莫高窟第 61 窟壁画中露台重楼林立，全部都于水中出平坐而建。在寺院前的下方有一列回廊上共开五个门，正中是三座一大两小的二层重楼，组成佛寺的三门。门廊后的钟楼、经楼及院子中间高低错落的露台等全部用虹桥相连。内院中轴线上有二层大佛殿，殿的造型是一座佛塔，殿前是宝池、露台等，殿两侧及后部是一片建筑群，有楼阁、回廊，重重叠叠高低错落，极其雄伟壮观，同时也显得建筑群更加壅塞繁杂（图 127）。

　　壁画中出现的这种布局上的夸张，是画家在壁画上的踵事增华，还是在现实社会中确有类似的作法。据文献记载，当时社会以建高楼竞相夸耀，而寺院内也不能超凡脱俗，与民间竞起高楼，壁画正是这种社会现实的表现。虽然壁画中的这些寺院建筑群有失于庞杂壅塞，但它确实表现了中国传统建筑的群体之美。日本建筑史学家伊东忠太认为"中国建筑规模之大者，即许多堂宇与廊互相联络而联成一群之

图 127　莫高窟第 61 窟　净土寺院　五代

谓也。就单独堂宇观之虽不巨大，不庄严，惟中国建筑之美，为群屋之联络美，非一屋之形状美也，主屋、从屋、门廊、亭榭等，大小高低各异，而形亦不同，但于变化之中，有脉之统一，构成浑然雄大之规模。"

六、西夏

西夏时期只有在榆林窟第 3 窟有建筑画，寺院建筑画就表现在南北两壁，分别绘制了两座布局相似、单体建筑各不相同的寺院。经变画中，人物的尺度显著缩小，突出了建筑的形象，寺院建筑已不再是作为佛与菩萨的背景。寺院中大面积的宝池水面已经消失，仅在两侧配殿位置建两座曲岸小水池，于水中出平坐，上建重楼作为独立的配殿。佛坐于大殿内，廊下与院中大面积的平地上或坐或立着众多的菩萨，显得雍容悠闲，佛与菩萨进入建筑内，融入了世俗社会里。寺院里的前后长廊，延伸出画面之外，显示出意犹未尽的意境。此窟是西夏时期的代表性石窟，画风与山西繁峙岩山寺的金代壁画相近似，显然是西夏人受中原画风的影响。

图128 | 榆林窟第3窟
　　　| 净土寺院　壁画

　　在西夏建筑画中更值得注意的是在这时出现的建筑有很多的重檐形式及一座十字平面的重檐佛殿和两座十字平面的重檐重楼，这是西夏之前的各代壁画中都没有的建筑形象。十字平面的佛殿是方形的佛殿四面正中出抱厦，正面的抱厦上作歇山顶，山面向前，两侧的抱厦向左右伸出，使建筑立面更加富于变化（图128）。河北正定建于北宋皇佑四年（1052年）的隆兴寺摩尼殿，就是这种造型。壁画中的佛殿可以说是摩尼殿的真实写照。十字平面的楼阁还没有发现实例，在宋代传世绘画中的楼阁有相似的例子。

天上人间

梦幻般的古代城池

八

一、城

城的形象是壁画中出现频率较高的一种建筑类型，在敦煌壁画中几乎各个时代都有，最早的建筑画中就是城楼的形象，以后各时代都将带有时代印记的城绘制在壁画中，若将这些城的形象在一幅图中展现，那就是一幅一千年时间里的城的发展史。

壁画中的城因时代不同，表现形式也不同，最早的城是十六国时期莫高窟第 275 窟的阙形城楼，莫高窟北魏第 257 窟有坞壁式的城堡，是一座富豪宅院，院墙由城楼、高墙、马面、雉堞组成。马面是城墙每间隔一定距离向外突出的墩台，上有雉堞，守城士卒可以反射攻城敌人，是一种有效的城防设施。以后逐渐发展在墩台上建楼，称敌楼。这些设施显示了城的防御功能，院中起高楼是望楼，是当时敦煌"村坞相属"的写照。莫高窟第 249 窟壁画中的天宫之城，是一座高大的有着四阿顶门屋的城，方形的门洞有门框及双扇板门，门两侧是高起的城垣，尽端与中段有突出且高于墙面的马面，其上均设雉堞及堞眼（图 129）。

图 129 莫高窟第 249 窟 城垣与马面 西魏

唐代以后，表现出多种形式的城，有天宫城、王宫城，还有反映历史史实的长城和隋代的大兴城及西域城等。

莫高窟盛唐第 113 窟的天宫城，是弥勒菩萨居住的兜率天宫，是一座凸字形平面的城垣，突出的正面有城楼与角楼，退后的城墙中部有敌楼，转角处有角楼，这里将北朝时期城墙中突出的马面演变成为敌楼。现在保存较好的平遥古城城墙马面上均修建有房屋，就是古代的敌楼形式。

王宫城是未生怨故事里必须表现的建筑，莫高窟第 172 窟壁画中所绘频婆娑罗王的宫阙城楼，整体布局为凹字形平面，城门开三门道，门前列戟架，上有八杆戟和一杆旗，共为九戟，两边相加共十八杆，属王城规格。城门墩台上的城楼为五开间，两侧有夹屋一间，城垣上有廊屋与城楼相连，形成一组庄严雄伟的宫阙建筑群（图130）。经考古发掘出隋唐东都洛阳的皇城应天门，总平面就呈凹形，明清故宫的

图130

午门也沿用了相似的布局形式。

　　晚唐敦煌壁画有一座城防设施都较完整的城阙，绘出了城门、城楼和以弧形城垣相联、左右突出的两座城阙，形成合抱的布局，中间有突出的城门及城楼，城门前面还有戟架与戟，说明城的规格等级。城阙前有城壕，其上有桥，是古代城防的完整体系。城墙上有两侧的阙作栱卫，形成主从结合的格局，既是城防功能的需要，又使城阙庄严壮丽，组成一幅完美的建筑构图。这座城阙不是画师们的想象，而是对隋唐时期的东都洛阳应天门的再现。同窟的另一座城，仅绘出城的一角，两面有城门，城垣转角有角楼，侧面的城楼旁有登城的慢道，慢道又称马道，坡度比较平缓，供将官吏骑马登城。画中的慢道呈阶梯状，边上有栏杆，坡度较陡，看来只能供人扶梯而上（图131）。

二、城门与城楼

　　唐德宗建中二年（781年）吐蕃围沙州（敦煌）长达十年，终于箭尽粮绝，寡不敌众，开城降蕃。城之所以能守，其重要条件之一，就是要有坚固的城防。因而在敦煌壁画上无处不反映城的重要，而城

图 131

楼与城门是城的重要组成，亦是城的规模的体现。初唐敦煌壁画中的城门多是一座单门道的一层城门楼，从绘画形式可以看出城为夯土形式，城楼采用大型条砖的包砖形式。盛唐壁画中的城增加了有关城防的不同设施，有的城内还有很多的房舍。这些城的形象，有的简洁明了，有的巍峨壮丽，充分展现了盛唐时期对于城防建设的重要性，从中看

图132 莫高窟第148窟 城门与城楼 盛唐

到各种形式的城门、城楼、角楼等形象。

莫高窟盛唐第148窟的涅槃经变中，城的形象很壮观。绘于西壁的两座城，北侧的一座用鸟瞰角度俯视城中的活动。城只画出三面城墙，三面正中均画城门及城楼，上方的城门隐约看出有两个门道，城楼是五开间，歇山屋顶。城侧面中部的城门为单门道，上有三开间歇山顶城楼，城垣的转角处出墩台，上有攒尖顶的角楼。这三座建筑，结构相似，体量逐渐变小，形成严格的主从比例关系。庭院中表示释迦牟尼涅槃后正在入殓的场面。整幅图画以俯视的角度构图（图132）。

图 134

中、晚唐时期画出的城门、城楼大都巍峨壮丽，城门下的门道，从一至五个门道不等，各种形式都有，但以一至三个门道的居多，四门道只有莫高窟第85窟一例。绘未生怨故事中的东宫城门为三门道，是王城规格。莫高窟第138窟弥勒天宫的正门画了五个门道，城门之上是高大雄伟的城楼，属于最高规格的城门，考古发掘证明，唐代西安大明宫南门正门丹凤门的城门就是五门道形式。中唐时期还出现一种采用花砖平铺贴面装饰城门的形式，花砖贴面有菱形和方形不同的形式。莫高窟第159窟壁画中城门为单门道，上起平坐建城楼。城门旁用土红色横线条表示夯土的城墙，城门表面贴面采用菱形花砖平铺贴面，与现存河南安阳修定寺唐塔方式相同，证明当时这种装饰应用的普遍性（图133）。

壁画中的城楼都是以一层城楼表现，唯宋代莫高窟第25窟有毗耶离城的城楼，建于门墩台上的是二重城楼，每层都为三开间，层层设平坐栏杆。城门墩台表面有菱形几何纹饰，与中唐的花砖贴面城门相同（图134）。此形式起于中唐，盛于晚唐及五代。

三、唐代城市的缩影

任何艺术都来源于现实，因此也一定要反应现实。尽管敦煌壁画以表现佛教内容为主，但佛教在中国的传播，一定要附会许多中国人所熟悉的场景，因此在唐代壁画中，对城市形象也用多种形式加以反映。莫高窟第323窟壁画中绘出城的一角，故事讲述的是隋文帝开皇六年（586年），天下大旱，昙延法师被请来为隋文帝在大兴殿受戒，天下风调雨顺（图135）。壁画中曲曲折折的城墙，似表示汉长安城不规则的城垣，城内的舍利塔放出耀眼的光辉，光辉中可以看见木结构的三

图 135

开间小殿式塔身，坐落在很高的须弥座上，攒尖形塔顶上有比例硕大的塔刹相轮，左上角有帐幕，一王者坐低座上听坐于高座上的法师讲法，象征性地表示隋初皇城中的建筑与宗教活动。文献记载，汉代建立的长安城，外郭城随地形而建，据说城的西北角和南面的曲折，象征北斗和南斗的星象。至隋代，汉长安已历时甚久，宫殿朽坏，隋文帝开皇二年（582 年）开始兴建大兴城，开皇三年（583 年）迁居入住大兴城，长安的外郭城到唐代才建成，壁画反映隋代的故事，以汉代的长安为隋的帝都，又将唐代建好的完整的外郭城入画，正是现实的反映。

汉代的长安城，城内大部分面积为皇宫所占据，官署与民居相互杂处，到曹魏时期的邺都，就形成了分区明确、整齐规划的城市雏形。隋代的大兴城即是唐代的长安城，据考古发掘看到城内"沿着南北轴线，将宫城和皇城置于全城的主要地位，并以纵横相交的棋盘形道路，将其余部分划分为108个里坊，分区明确，街道整齐。"唐代的长安城，城市方正对称，有108个里坊，为当时东方最大的都市。每一里坊有围墙环绕，住宅、店铺只能面向街巷开门，早晚定时开放坊门，城中的大街实行宵禁。里坊制是一种封闭的管理空间，便于控制。东都洛阳划分为了103个里坊，充分体现了唐代社会的城市理想和规划要求，成为当时东方城市的典范。当时城市的居民都住在坊内，坊内有东西或南北相交的十字街，沿街再设若干巷道，平民或官员住宅的门，只能开向里坊内的街道或巷道，只有朝廷的要员或皇亲国戚才能在里坊墙上开门，面向大街。长安除东西二市之外，里坊内也有商业，寺院也包含在里坊中，大型寺院有的可占半里坊之地，甚至一坊之地。到北宋时，由于商业贸易的发展，城市的里坊制便逐渐解体了。

　　盛唐时出现，流行于中、晚唐的华严经变中的华严城或又称莲花藏世界，是在一朵盛开的大莲花内浓缩了唐代里坊城的缩影。花

图136 莫高窟第85窟 里坊城 晚唐

中的城市街衢纵横，把城市分划成若干方格表示里坊，里坊制是中国最早的一种城市布局单元。莫高窟第85窟北披华严经变莲花中，周围用高低起伏的山峦作屏障。城内划分成棋格状，每一格即为一里坊（图136）。壁画中莲华藏世界的形象，正是长安城在佛国世界的再现。城的中央是佛的住所，里坊四周用围墙围绕，围墙的四面或两面有里坊门及门楼，这在壁画中都有具体而细微的描绘。

四、西域城

　　唐代是中国历史上最强盛的时代,特别是史称"贞观之治"的时期,国力强盛,境内富庶的程度可从大诗人杜甫的《忆昔·其一》中窥见一斑,诗中说:"忆昔开元全盛日,小邑犹藏万家室。稻米流脂粟米白,公私仓廪俱丰实。"当时唐王朝的国力蒸蒸日上,国际威望也达到了顶峰,通过强大的军事征战,疆土极度扩张,朝鲜、漠北、西域的辽阔疆土相继并入中国的版图。当时的首都长安和东都洛阳是世界性的大都会,商贾云集,史称"海内富安,行者虽万里不持寸兵",在这样富庶、开放、太平的国度里,丝绸之路空前繁荣,来往的各国商旅使节络绎不绝。敦煌地处河西走廊西端,是丝绸之路的咽喉要地,也是唐代的边塞重镇,唐代著名边塞诗中的"阳关""玉门关"都在敦煌境内。盛唐敦煌壁画中反映的很多有关西域的建筑形象,正是这段繁荣历史的写照。

　　盛唐壁画描绘了丝绸古道上的商旅,在行进路途中遇到重重困难,当天色已晚,需要休息时,眼前即刻幻化出一座城市,商旅们可以进城休息,为下一行程筹备粮草。其中最典型的是这里绘出了两座城市,

图 137

一座为汉地城市，一座为西域城。西域城外一商队正急忙向城内奔去，商队前有一胡人引导。西域城画出的三面墙垣各面开门，转角处有角台。城堡中有一座方形的二层建筑，所有建筑顶上均有拱券形结构，表示出与汉地完全不同的建筑风格，建筑学家梁思成先生称其为"西域城"（图 137）。

千古绝叹

敦煌建筑之最

九

一、敦煌石窟最早的建筑画

在现存的敦煌壁画中，可以说自开凿石窟以后，就在壁画中表现有建筑的形象，从此建筑画的绘制在敦煌石窟中贯穿始终。

最早开凿的敦煌石窟是十六国时期的，其中莫高窟北凉第275窟的壁画中就已经出现了建筑画的形象（图138）。这是绘于该窟南壁的一幅"太子出游四门"的佛传故事画，画中有两座城门，高耸的城门两侧双阙对峙，组合成高低错落的城阙。阙常见于中国古代标志性建筑群前两侧，所谓"阙者缺也，中间阙然为道。"壁画中的阙，都是夹峙在殿或城楼两侧。阙既可以高于主体建筑，也可以低于主体建筑。

阙是春秋至秦汉时在城市、宫庭、祠墓等建筑群中被广泛使用的一种礼制建筑，其特点是两阙独立对峙在宫庭、城门、祠庙、陵墓之前。在十六国和北魏时期的敦煌石窟中，有大量的阙形建筑图像，这些图像，使阙这种建筑在其实物已从秦汉帝国统治的中心地域上彻底消灭后，又在壁画中延续了一二百年。这也充分说明当汉代开发经营敦煌后，由于地理偏远，这里保存了很多古制。阙的实体在敦煌石窟开凿前，

图 138 莫高窟第 275 窟
城墙 北凉

还见于敦煌地区的魏晋墓中，也就是说汉代以后，阙的形制一直还被
敦煌地区沿用。

壁画中的阙形城门图，绘出高耸的城墙正中有方首门洞，门洞上
方有城楼，两旁各有一对高低错落的子母阙，在城楼与阙的屋顶上都
有脊及两端的鸱尾，屋檐下有结构多样的斗栱，城墙墙面上有几层壁带。
图画尽管绘制得比较稚拙粗糙，但建筑的基本特征都被完整的表现出
来了。另外在南北壁的佛传图的上部各有两座塑绘结合的殿阙形佛龛，
突出的阙形龛采用浮塑形式塑出阙身、殿屋及屋顶上的瓦垅、鸱吻等。
细部用绘画方式表现了檐下的椽子、斗栱、窗户，阙身上的彩画装饰等，

值得注意的是，在子阙上部各有一窗户，表明阙是中空的，通过窗户可以登临观望，因此阙的另外一个名称为观。

二、最早的寺院建筑画

用艺术反映现实，总是现实在前，艺术要滞后一段时间。敦煌石窟中的寺院建筑画当然也不能例外。据史书记载。"凉州自张轨后，世信佛教。敦煌地接西域，道俗交得，其旧式村坞相属，多有塔寺。"当敦煌石窟在开凿时，人们早已熟悉佛寺形象，才能将其反映在壁画中。

由于敦煌地接西域，在石窟开凿之初，无论是石窟形制还是壁画绘制上，都保留了许多西域影响，人们甚至猜测当时有西域画师在敦煌作画。壁画中最早出现的寺院建筑画当是莫高窟北魏第257窟南壁殿阙式的窣堵坡塔寺（参见第105图），建筑前是一佛二菩萨的说法图形式（图139）。这是敦煌北朝仅有的一幅用建筑作为背景的佛说法图。双阙之间有殿屋，是汉画像中常见的传统建筑形象，而殿顶之上所置窣堵坡又源于印度，成为塔和寺（庙）的组合——塔寺。这种中外合璧的建筑形象，反映佛教传入中国后，中外建筑形式相互融合的过程。

图 139 　敦煌第 257 窟
塔寺复原图　儿城

　　这幅图原先被认为是一幅殿阙式的窣堵坡塔，当将它的建筑形式
与新疆交河古城由生土建造的佛寺遗址相互参照时，看到在许多小佛
寺遗址中，有一种形式是用一周围墙围成方形空间，前面有门洞，中
间一个方形土堆，土堆高出围墙，在土堆的上部有很多排列均匀的圆孔，
圆孔位置稍稍高出围墙，这应该是当初搭建了屋顶的木构件孔洞，升
出屋顶部分残存的土堆就应是原来的塔刹。壁画中殿阙的屋顶上，从
建筑结构上看是不能够承载实心的窣堵坡塔的，但如果从地面上起塔，
在塔身四周盖屋顶，塔刹高出殿屋，就组成一座中心塔柱式的塔寺了。

　　尽管在敦煌壁画中有许多西域影响，但在这座塔寺建筑上，依然
融入了敦煌本土的建筑特色，那就是殿阙形的屋顶。史书记"自洛中

构白马寺，盛饰佛图，画迹甚妙，为四方式。凡宫塔制度，犹依天竺旧状而重构之。"壁画中的这座塔寺，与交河古城的方形佛寺相互参照时，它应该是一座"四方式"形式，而在殿阙形的屋顶上有"犹依天竺旧状"的窣堵坡塔。用实物遗址与壁画形象及史书记载相互参照映证，说明壁画中描绘的这座佛寺当来源于现实，它就是当时塔寺的真实描画，记录了当时敦煌寺院建筑的特点，也符合"其旧式村坞相属，多有塔寺"的旧式殿阙形制。

三、最早、最大、最完整的宫廷建筑画

最早、最大、最完整的宫廷建筑画，应当是莫高窟第 431 窟观无

图 140

量寿经变中未生怨故事里的王宫建筑（图140）。宫城是未生怨故事里必须表现的建筑，这也是敦煌壁画中最早的观无量寿经变画，绘制于初唐时期，是在北魏开凿的石窟里，将四壁中下部涂改重画的。

这幅未生怨故事中的宫城，是最早且唯一用横向构图方式表现的未生怨故事画。壁画从右向左依次为城墙，城墙中有城门并出平坐上建城楼。在高大的宫城门内又用院墙围合出三个不同的院落。第一进是一周完全封闭的院落，院内后部有堂，堂内幽禁着老国王，院墙正面有门，并有守卫。

第二进为中院，院中间有三开间的殿堂，周围不设墙壁门窗，柱子之间完全开敞，殿内表现太子提剑欲杀其母的场面。中院的殿堂前是后院围墙，中间有门相通。此外中院还有一门通向宫城，这座门位于中院与后院之间的侧面，门的形式为"乌头门"，门上的铺首等形状结构都画得很具体。

后院是一锯齿状的院落，院内种植花木，应是皇宫内的御苑部分。院内有四阿顶的三间堂屋，全部用帘帷遮蔽，中间留一门，可看见堂屋内的床，这里是太子幽闭其母的后花园。

从中院出乌头门之后，外围就是环绕内宫的城墙。这一幅宫城图，形象地反映了帝王居住的宫城，必须有高大且具防御能力的城墙保护，而宫院院墙就只是作为功能分区上的需要，因此墙上用覆瓦的形式表现。

四、壁画中表现建筑样式最大的窟

开凿于盛唐晚期的规模最大的莫高窟第 148 窟是一座涅槃窟，窟内壁画内容丰富，规模宏大，绘制精良。窟中的涅槃变、观无量寿经变、药师经变，都是此类经变中的皇皇巨制，其余如弥勒经变、天请问经变因为石窟空间巨大，也在画中横向排列出多重院落。在这些经变里都有丰富的建筑形象。

涅槃窟重要的内容是涅槃经变，占据了西壁全部及南北壁一部分，在经变内容里出现的建筑形象有两座城和一座单层木塔。其中城的形象很壮观，有一座城于正中起五开间城楼，是敦煌石窟中开间数最大的城门楼形象（图 141）。

南北壁上部各表现一座完整的大型寺院即天宫寺院，是天宫建筑的精品之作。两寺院布局都呈凸字形平面。由大小五院组成，中部一

图141

图 142

大院，左右各用两横廊和楼、堂将小院再分作两进。南壁寺院正面有横列的围廊共 47 间，若每间以 3 米计，该院落前的围廊长度为 141 米，应当是一所规模很大的寺院。围廊正中是三间单檐庑殿顶的门屋，在两侧小院的交接处另辟偏门，形成正面一中门二偏门的三门格局。大型寺院的三门，是按实际的交通功能而设置的，但佛家所谓三门又有三解脱之门的说法，把建筑赋予抽象的宗教含义。北壁在天请问经变里的天宫寺院布局与南壁基本相似，只是正中的门屋变为门楼（图 142）。

东壁在甬道南侧绘大幅观无量寿经变（约 26.6 平方米）与北侧绘药师净土变（约 33.2 平方米），表现了两座唐代大型寺院的内部景观，画面中下部开阔的空间有大小不等的几座出水露台，后部背景是一片庞大的寺院建筑群。在轴线中央，各自使用不同形式的前后两重佛殿、配殿、

图143 莫高窟第148窟　大型寺院建筑　盛唐

回廊、角楼、圆亭等层层高起，显现了寺院建筑群殿阁耸峙高潮迭起的景象，在巧妙的平面处理中求得不同的建筑空间变化（图143）。

东壁南侧经变画北边条幅上表现有宫城图，但却没有高大厚实的城墙与门楼，只用七道横廊围出六重不同布局的院落，再用树木修竹点缀其中，更显宫院内廊庑曲折，庭院幽深，表现了"帝宫九重"的意境。宫城里有一座八边形小殿，与现存日本奈良法隆寺东院的主体建筑——梦殿形式十分相似。宫城后有一座阁，初唐时大量使用的阁的形式，盛唐晚期已很稀少，此后阁的形象在敦煌壁画中就绝迹了。此外悬山顶的门屋也是壁画中很少见的形式，只有两幅，其中一幅就是该窟甬道南侧经变画北边的条幅里。

第148窟的建筑画由于画幅大，所以还表现了许多建筑细部，如建筑上的斗栱、屋顶上的曲脊、廊下的铺地画砖、柱下的莲花柱础等。丰富的建筑形象资料使该窟成为敦煌石窟中集建筑画之大成于一窟的代表。

梁思成、林徽因正是因为在伯希和批露的第61窟壁画中注意到了这幅图及其中标出的"大佛光之寺"，并以此为"指南"，在1937年真的找到了重建于唐宣宗大中十一年的唐代木构大殿，彻底平息了当时日本学界提出的"中国已经不存在宋、辽以前的木构建筑，唐构只能在日本找到"之类的言论。除了传奇般的佛光寺，通过近些年研究，现在日本古建筑上的一些做法仍可以在敦煌唐代建筑图像上找到原形。

图144   莫高窟第61窟   五台山图   五代

五、壁画中表现建筑最多的一幅图

开凿于五代的莫高窟第61窟是一座中心佛坛大型覆斗顶窟，根据中心佛坛上残存的狮子前爪和背屏上的狮尾，坛上原应塑有骑狮子的文殊菩萨及侍从。窟室西壁则是通壁巨制的文殊菩萨道场的五台山图，该画幅高3.42米，宽13.45米，面积约46平方米，因此该窟又称文殊堂。五台山图是作为文殊菩萨的背景，其中准确地画出了五台山方圆五百里内的山川地貌、村镇道路、各色人物等，不失为一幅古代地形图（图144）。在这幅地图中还壅塞交错地绘制了大小183处建筑形象，是敦煌石窟壁画中绘制建筑最多的一幅图。其建筑类型和数量分别是：

1.寺院：将有院落围绕的建筑组群归类为寺院，共有26处。其中很多寺院旁有墨书题记，据考证很多都曾在古代文献中有记载，如"大清凉之寺"在《古清凉传》和《广清凉传》里都有记载，而"大佛光之寺"中的一座大殿一直保存到现在，是我国古建筑中重要的唐代建筑之一（图145）。大佛光寺是五台山著名的寺院之一。寺院为方形平面，廊庑一周，院中有二层佛殿，佛殿前有门楼，转角处有角楼。现存五台山佛光寺大殿建于唐大中十一年（857年），大殿面阔七开间。据历史

图145

图146 莫高窟第61窟
三重楼式砖石塔 五代

记载，唐武宗会昌灭法之前，寺内兴建有高达三十二米的弥勒大阁。壁画中的大佛光寺只是概括的形象，而且还出现许多笔误，如寺院的正面门楼前正中处只画一窗，窗下却有台阶。这里本应该是开门的地方，而且这样的笔误还不止大佛光寺一处。

2. 塔：独立山中的塔共有24处，且每一座塔的样式都不雷同，建塔的材料也是多样的。这些塔极大的丰富了五代及以前留存下来的数量不多且单调的古塔形象（图146）。

3. 草庐茅庵：形制源于印度，形象相似，共有41座。结草为庐，是禅僧在山中苦修的住所。画中许多草庵旁写有榜题，有些榜题与史书记载相符，如法照和尚庵、解脱和尚庵等都是著名的高僧，在一些高僧传记中有他们在五台山活动的记载。

4. 楼：以两层居多，共有 6 座。根据榜题有的明确记载为塔，如榜题为"无量寿塔"的形象，与"万圣之楼"的四层高楼形式相同，而与之相对的"应化度塔"，只在相同的四层高楼顶上增设了高耸的塔刹，就成为明白无误的塔，根据榜题和绘画的位置，它们应是大圣文殊真身殿前对称的两座塔。

5. 堂：画中有很多形式简单，没有院落的三开间小殿堂，坐落在砖石台基上，共有 63 座。它们或位于通衢大道旁，或隐于绿树山涧中。这些堂屋旁很多都有榜题，榜题记为寺、兰若、院、观的都是佛教建筑。如画幅上部隐于绿树山涧中的有"龙宫兰若""三世法界之寺""广化之院""华原观"等，此外在画幅下部的通衢大道旁有 7 座作为旅店的堂，旁边榜题为"龙泉之店""太原新店"等，旅店店铺旁有踏碓舂米，推磨铡草喂牲畜的繁忙场景。

6. 城池：共有 11 座，绘于画幅下部。将这些有榜题辨认的城池连接，就是南北两条到达五台山的路线图，一条从太原出发，一条从河北镇州（今河北正定）出发。但也有个别例外，如榜题为"会应福寺"

的，绘制的却是一座城门形式。

7. 桥：共有 12 座。形象有简有繁，如"五台县西南大桥"是一座规模较大的木桥，绘制得还算详细，但只绘出桥面上的望柱、栏杆等，省略了桥下的结构。

综观五台山图中绘制简单的建筑形象，呈现规律化趋势，如画中的"大佛光之寺"中的大殿，就与保存至今的佛光寺大殿（857 年）完全不同，而且图中出现了严重错误，整座寺院只见中间两层楼的正殿前完全敞开，其他房屋均不见有门，甚至正面的门楼前都没有辟门。这种形式图中还有很多处。除此外在众多的建筑前，绘制了在方圆五百里山间道路上的各阶层各色人物，以骑马、牵驴、徒步、肩挑等方式往来穿梭，汇聚成一幅形象生动、内容丰富的风土人情、建筑、山水的古代地图。

图版目录

图版目录：

图 140 莫高窟第 431 窟 宫廷院落 初唐（《全集 .21》p99 图 86）（临本）

图 141 莫高窟第 148 窟 城楼与城垣 盛唐（《全集 .21》p157 图 144）

图 142 莫高窟第 148 窟 天空佛寺 盛唐（《全集 .21》p133 图 123）

图 143 莫高窟第 148 窟 大型寺院建筑 盛唐（《全集 .21》p132 图 121）

图 144 莫高窟第 61 窟 五台山图 五代 五卷本 .5 p64

图 145 莫高窟第 61 窟 大佛光寺 五代（《全集 .21》p244 图 239）

图 146 莫高窟第 61 窟 三重楼式砖石塔 五代（《全集 .21》p257 图 258）